Rainer Türk

Wanderungen am Limes

mit Informationen
zum Leben der Römer
im Odenwald

D1726627

Rainer Türk, Gemeinde Wald-Michelbach. Hauptwege-wart und ehrenamtlicher Mitarbeiter im Geo-Naturpark Bergstraße-Odenwald und im Naturpark Neckartal-Odenwald. Autor zahlreicher Wegebeschreibungen und Wanderbücher sowie Bearbeiter der topographischen Freizeitkarten 1:20 000 des Odenwaldes.

Bibliografische Information Der Deutschen Bibliothek
Die Deutsche Bibliothek verzeichnet diese Publikation in der Deutschen Nationalbibliografie; detaillierte bibliografische Daten sind im Internet über http://dnb.ddb.de abrufbar.

1. Auflage Mai 2008
© Copyright 2008 by Werbeagentur+Verlag Brunnengräber, Lorsch

Autor: Rainer Türk
Fotos: Saalburg (Seite 16), Stadt Obernburg (Seite 22), Hubert Brunnengräber (Seite 27, 56), Gemeinde Mudau (Seite 73), Historischer Verein Neckarburken (Seite 80, 81), Konrad Rainer, Museum der Stadt Miltenberg (Seite 84, 87), Stadt Buchen (Seite 108), Römermuseum Osterburken (Seite 111, 112), Rainer Türk (Titelbild und übrige Aufnahmen)
Illustrationen: Klaus Schöttinger

Gestaltung und Satz: Hubert Brunnengräber
Druck und Verarbeitung: Central-Druck Trost GmbH & Co., Heusenstamm
Verlag: Werbeagentur+Verlag Hubert Brunnengräber, Eichendorffstraße 22, D-64653 Lorsch, Telefon (06251) 54122, Telefax (06251) 54135, www.brunnengraeber-online.de

ISBN: 978-3-9811444-1-3

Inhalt

Vorwort

Mit der Anerkennung des Limes als Weltkulturerbe durch die UNESCO im Juli 2005 im südafrikanischen Durban, wurde der Grenzverlauf zwischen dem Imperium Romanum und dem freien Germanien verstärkt in das Interesse der Öffentlichkeit gerückt. Selbst wenn dieses Prädikat sich nur auf den östlichen, den obergermanisch-raetischen Limes bezieht, hat auch der Odenwaldlimes mit seinen zahlreichen, fast lückenlosen Wachturmstellen davon profitiert. Gerade die siedlungsfeindlichen, unfruchtbaren Buntsandsteinböden des kaum besiedelten Hinteren Odenwaldes haben über Jahrhunderte die Limesanlagen mit Gestrüpp und Dornen überwuchert und ihn im Gegensatz zu den Regionen mit fruchtbaren Böden und klimatisch besseren Voraussetzungen besonders gut bewahren können. Erst im 19. Jahrhundert, zur Zeit der Romantik, begann man sich wieder für die Antike zu interessieren. Vor allem Graf Franz I. von Erbach-Erbach ließ umfangreiche Grabungen vornehmen, die jedoch aus heutiger Sicht nicht immer sachgerecht durchgeführt wurden. Vielerorts wurden Steine von Wachtürmen und Kastellen abgetragen und andernorts zweckentfremdet verbaut.

1980 wurde vom Odenwaldklub entlang der römischen Grenzlinie ein Limes-Wanderweg angelegt, der an allen zugänglichen Turm- und Kastellanlagen vorbeiführt. Ferner wurden Informationstafeln aufgestellt, um die Wanderer mit der römischen Vergangenheit vertraut zu machen und diese sie hautnah erleben zu lassen, so dass der Limes-Wanderweg auch als Lehrpfad bezeichnet werden kann. Darüber hinaus verläuft die Limes-Strecke durch eine sehr reizvolle Landschaft mit herrlichen Ausblicken. Wanderungen am Limes bieten Kultur und Natur pur.

Dieses Buch soll dazu beitragen, den Tourismus auf den Spuren der Römer zu beflügeln, den Wanderungen Ziel und Inhalt geben und anregen, sich näher mit unserem historischen und kulturellen Erbe zu beschäftigen, wodurch der ohnehin schon hohe Erlebniswert für den Wanderer noch gesteigert wird. Der Limes offenbart sich jedoch nicht auf den ersten Blick. Er ist nicht vergleichbar mit den Burgen und Schlössern, die sich dem Betrachter als Gesamtbild darbieten. Limesanlagen sind nicht von der Straße aus im Vorbeifahren zu erleben, sie wollen erwandert und erforscht werden. Die oft nur spärlichen Überreste brauchen sehr viel Einfühlungsvermögen und tiefes Verständnis, um vor dem geistigen Auge des Suchenden neu zu erstehen. An manchen Stellen lässt sich der Limesverlauf mit seinen Kastellen, Wachtürmen, Palisade, Wall und Graben kaum noch oder überhaupt nicht mehr wahrnehmen. An ande-

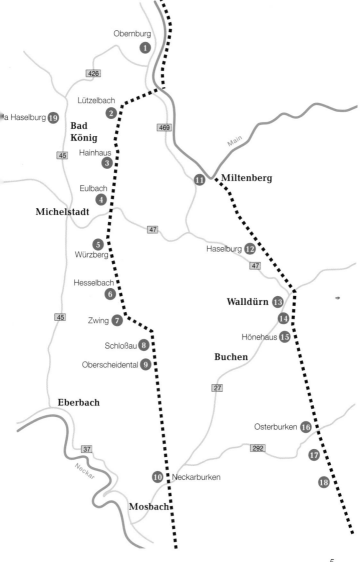

DER NEUE QUELLFRISCHE
GESCHMACK

ren Stellen sind die Fundamente so gut erhalten, dass man sich das ehemalige Aussehen leichter vergegenwärtigen kann. Auf jeden Fall aber sind Wanderungen am Limes ein spannendes Abenteuer und wecken Entdeckerfreuden. Je mehr dabei das Auge geschult wird, um so erlebnisreicher wird die Zeitreise zurück ins 2. und 3. Jahrhundert n.Chr., als sich Römer und Germanen hier am Limes begegneten und gegenüberstanden. Für diese Wanderungen aber sind genaue Karten mit Eintragungen des Limesverlaufes sowie der Kastelle und Wachturmstellen unerlässlich. Am besten hierfür geeignet sind die topographischen Freizeitkarten im Maßstab 1:20 000 des Geo-Naturparks Bergstraße-Odenwald und des Odenwaldklubs. Zusammen mit fundierten Streckenbeschreibungen sind sie ein Garant für ein erlebnisreiches Wandervergnügen. Die in diesem Buch beschriebenen Wanderungen z. B. sind Rundwege, die an besonders sehenswerten, aufschlussreichen und gut erhaltenen bzw. restaurierten Ausgrabungsstellen vorbeiführen. Dieses Buch erhebt nicht den Anspruch alle Kastelle und alle Wachturmstellen zu erfassen. Insgesamt gesehen aber sollen die ausgewählten Abschnitte ein in sich geschlossenes Gesamtbild vom Limes und vom Leben der Römer im Umfeld dieser Grenzlinie vermitteln.

Die Römer im Odenwald

Vorgeschichte

Noch heute, fast 2000 Jahre nach Errichtung des Limes, stößt man im östlichen Teil des Odenwaldes auf eine Fülle von Spuren der Grenzbefestigungen des römischen Reiches.

Unter Julius Caesar hatten die Römer 51 v. Chr. die in Westeuropa lebenden Stämme Galliens unterworfen. Unter Kaiser Augustus wurden die Alpenpässe geöffnet und seine Stiefsöhne Drusus und Tiberius eroberten zwischen 15 und 12 v. Chr. die Alpen sowie das nördliche Alpenvorland bis zur Donau. Gleichzeitig wurden Legionen und Hilfstruppen aus Gallien bis an den Rhein vorverlegt. Dort entstanden die Militärbasen Straßburg, Mainz, Köln, Neuss, Xanten und Nimwegen sowie im Süden die Provinzhauptstadt von Raetien, Augsburg. In den folgenden Jahren wurden, besonders von Mainz und Xanten aus, gezielte römische Vorstöße in die germanischen Gebiete östlich des Rheins vorgetragen, in der Absicht eine Provinz Germanien mit der Elbe als Grenzfluss einzurichten.

Im Herbst des Jahres 9 n. Chr. lockten germanische Stämme den Legaten Publius Quinctilius Varus mit seinen drei Legionen, drei Ahlen und sechs Kohorten auf dem Rückmarsch von der Weser an den Rhein bei Kalkriese in der Nähe von Osnabrück in unwegsames Gelände und vernichteten unter Führung von Arminius das gesamte römische Heer. Damit war das Vorhaben von Kaiser Augustus gescheitert, das römische Reich bis zur Elbe auszudehnen, und Rhein und Donau bildeten erneut die natürliche Grenze zum freien Germanien.

Da das rechtsrheinische Gebiet zwischen Mainz und dem Schwarzwald jedoch kaum besiedelt und dicht bewaldet war, drangen die Römer schon bald wieder über den Rhein nach Osten vor. Unter Tiberius, Caligula und vor allem unter Claudius wurde die Grenze bis an die Donau vorgeschoben und durch Kastelle abgesichert. Gleichzeitig wurde die Provinz „Raetia" gegründet. Parallel dazu entstanden rechtsrheinisch die Kastelle Ladenburg, Heidelberg-Neuenheim und Riegel am Kaiserstuhl zur Absicherung dieser Rheinseite.

Die Machtkämpfe in Rom um die Nachfolge Neros nutzten die germanischen Stämme zu Angriffen und Plünderungen entlang der römischen Grenze. Der Bataveraufstand 69/70 führte zur Einsicht der Notwendigkeit kürzerer und durch Kastelle abgesicherte Straßenverbindungen für schnellere Truppenbewegungen. So entstanden im Hinterland des Limes Straßen von Argentorate (Straßburg) über Rottweil nach Tuttlingen sowie eine Straße zwischen den Provinzhauptstädten Mainz und Augsburg.

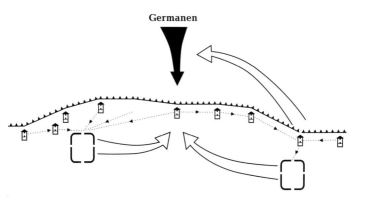

Straßen und Patrouillenwege

Die Straßen verliefen zumeist auf den Höhen der Gebirgszüge. Dies hatte sowohl strategische Gründe, um nicht „von oben" überfallen zu werden, als auch praktische, da bei Regen die Höhenstraßen schneller abtrockneten als in den oft sumpfigen und nassen Tälern.

Römerstraßen entsprachen einer Norm. Ihre Breite betrug 6-8 m und die zur Mitte hin gewölbte Straßendecke bestand aus mehreren Schichten. Rechts und links der Straße waren Gräben, durch die das Wasser ablaufen konnte. Meilensteine gaben die Entfernungen an. Eine römische Meile betrug 1000 Doppelschritte und entsprach 1481 Meter. Von den Hauptstraßen zweigten Nebenstraßen zu den verstreut liegenden Landhäusern, Thermen und Heiligtümer ab. Entlang der Straße befanden sich Pferdewechselstationen (mutationes), Gast- und Rasthäuser sowie Lagerdörfer mit Handwerkern und Händlern. Zur Absicherung wurden entlang der Straßen Kastelle angelegt, die gleichzeitig auch als Depot dienten.

70 n. Chr. konnte Vespasian die Revolten in Gallien und am Rhein unterbinden und die Ruhe an den Grenzen wieder herstellen. 83 n. Chr. führte Kaiser Domitian einen Prä-  ventivkrieg gegen die Chatten. Um in den undurchdringlichen Wäldern die ständigen partisanenartigen Überfälle vorwiegend auf die Nachhut und Versorgungstrupps zu un- terbinden, veranlasste Domitian die Anlage einer durchgehenden Schneise im Wald so- wie eines Patrouillenweges von der Wetterau über Wimpfen bis zur Alb. Diese Schnei- se führte von Wörth am Main über die Hö- henzüge des östlichen Odenwaldes nach Neckarburken und von dort weiter nach Wimpfen am Neckar. Sie war dem Gelände angepasst, verengte sich bisweilen zu ei- ner Passlinie und lief bei Schloßau in ein leicht bewegtes Muschelkalkplateau aus.

Der Begriff „Limes" wurde von den Römern zunächst im Sinne von Weg oder Pfad verwendet. Der römische Geschichtsschreiber Tacitus gebrauchte ihn erstmals im Sinne von Grenze, eine Abänderung, die sehr schnell in den allgemeinen Sprachgebrauch überging. Dieser Pa- trouillenweg wurde mit Wachtürmen und Kastellen ab- gesichert, um die ständigen Attacken der Germanen zu unterbinden.

Wachtürme

Diese stabile Grenze hat dazu beigetragen die Sied- lungen im Hinterland wirkungsvoll vor germanischen Überfällen zu schützen. Zwar nutzten die Chatten 89 n. Chr. einen Putschversuch gegen Kaiser Domitian zu einem erneuten Angriff, wurden jedoch endgültig besiegt und zu vertraglichen Regelungen gezwungen. Um 100, während der Regierungszeit Trajans (98-117) wurde das letzte Teilstück am Odenwaldlimes zwischen Obernburg und Wimpfen geschlossen. Auf einer Länge von ca. 70 km entstanden rund 80 Wachtürme. Ihre Standorte wa-

Die Römer im Odenwald

ren so gewählt, dass das unmittelbare Vorgelände und der Patrouillenweg bis zum nächsten Wachturm überblickt werden konnten. Die Turmbesatzungen hatten die

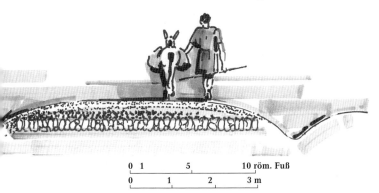

| 0 | 1 | | 5 | | 10 röm. Fuß |

| 0 | | 1 | | 2 | | 3 m |

Aufgabe bei Annäherung feindlicher Truppen Alarm zu schlagen und diesen von Turm zu Turm bis zum nächsten Kastell weiterzugeben. Um die Türme abzusichern, damit sie nicht sofort eingenommen werden konnten, befand sich der Turmeingang im Mittelgeschoss und war nur über eine Leiter erreichbar. Auch besaßen die Turmbesatzungen Wurfgeschosse und Waffen, mit denen sie sich eine Zeit lang verteidigen konnten.

Die Holztürme hatten einen massiven Unterbau, der bei Angriffen kaum zerstört werden konnte. Grundriss war ein trocken gesetztes Mauerviereck, das an den Ecken Aussparungen zeigte, in denen mächtige Eckpfosten von 30 x 30 cm saßen. Im Mauerwerk befanden sich Schlitze, in die über Kreuz liegende Balken eingefügt waren. Die Zwischenräume waren mit Steinen, Erde und Lehm ausgefüllt. Auf diesem massiven Erdgeschoss ruhte eine zweistöckige Holzkonstruktion. Der obere Teil diente zur Überwachung des Geländes, während der untere Teil Wohn- und Schlafraum für die 4 bis 5 Mann starke Besatzung war. Das Dach musste mit Stroh oder Schindeln gedeckt gewesen sein, da an den Turmstellen des Odenwaldlimes keine Ziegeln gefunden wurden.

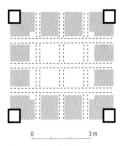

0 _____ 3 m

Grundriss Holzturm-fundament

Wachturm

Für die Turmhöhe geben uns die Wachtürme Wp 10/8 „Lützelbacher Bannholz" und 10/9 „Breitenbrunner Bannholz" einen konkreten Hinweis. Zwischen beiden Wachtürmen liegt ein Hügel, der nur dann überblickt werden konnte, wenn die Aussichtshöhe beider Türme mindestens 7,50 m betrug. Berücksichtigt man außerdem Gebüsch, Gras und Farn sowie das Dach des Turmes, so kommt man auf eine Gesamthöhe von etwa 10 Metern (siehe Abb. Seite 27).

Kastelle und Bäder

Außer den Wachtürmen wurden entlang des Limes in regelmäßigen Abständen Kastelle unterschiedlicher Größe angelegt. Es waren Kohortenkastelle für etwa 500 Mann, Numerikastelle für bis zu 150 Mann und Kleinkastelle. Die Besatzungen waren Hilfstruppen, die vorwiegend aus der Bevölkerung der eroberten Gebiete rekrutiert worden waren: Aquitaner aus Südfrankreich, Sequaner aus der Schweiz und vor allem Brittonen aus England und Wales. Kohortenkastelle befanden sich in Obernburg, Oberscheidental und Neckarburken; Numerikastelle in Lützelbach, Hainhaus, Eulbach, Würzberg, Hesselbach und Schloßau; Kleinkastelle u. a. im Sattel zwischen Breitenbrunn und Haingrund sowie zwischen der Höllklinge und dem Leininger Tal südlich von Hesselbach. Die Standorte der Kohortenkastelle schienen sich nach strategischen und geographischen Gesichtspunkten gerichtet zu haben. Während die Entfernung zwischen Obernburg und Oberscheidental 45,5 km betrug, waren es von Oberscheidental nach Neckarburken nur 14,4 km und von dort nach Bad Wimpfen 16,7 km. Die Abstände der Numerikastelle dagegen waren erstaunlich gleichmäßig und betrugen etwa 6 km. Kleinkastelle befanden sich ausnahmslos an strategisch wichtigen Stellen und können als eine Art

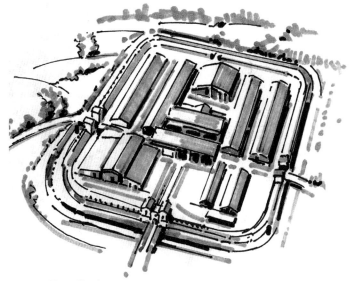

Kastell Hesselbach

verstärkter Wachtposten angesehen werden, um Passübergänge oder Straßenkreuzungen zu kontrollieren.

Die Größe eines Kohortenkastells betrug zwischen 2 und 3 Hektar, die eines Numeruskastells etwa 0,6 ha und das Kleinkastell Zwing hatte 0,04 ha. Das Kleinkastell Robern, gekennzeichnet als WP 10/48, ist das einzige am Odenwaldlimes, dessen Grundmauern ringsum oberirdisch sichtbar sind (siehe Seite 75).

Die Kastelle waren alle nach dem gleichen Muster gebaut. Sie entsprachen einem dem Quadrat angenäher-

Kastelltor: Außenansicht

ten Rechteck mit abgerundeten und verstärkten Ecken. Die Numerikastelle waren im allgemeinen mit drei, die Kohortenkastelle mit vier Toren ausgestattet. Bei letzteren waren nicht nur die Torflügel, sondern auch die Kastellecken durch Türme verstärkt. Auch eingeschobene Zwischentürme waren an den Längsseiten möglich. Die Wehrmauer war von einem etwa 1,50 m tiefen Verteidigungsgraben umgeben. Der Erdaushub des Grabens wurde hinter der Mauer zu einem Wall aufgeschüttet und als Wehrgang genutzt. Die Wehrmauer, eine Zinnenmauer, hatte eine äußere Höhe von 3 bis 5 m. Entlang des Walles verlief rings um die Innenbauten die via sagularis. In der Längsachse verlief die via praetoria, in der Querachse die via principalis. An der Kastellfront befand sich die porta praetoria, an der Rückseite die porta decumana. Die Seitentore waren die porta principalis dextra bzw. die porta principalis sinistra. Im Schnittpunkt beider Straßen stand das Stabsgebäude, die principia, mit dem Fahnenheiligtum (sacellum), den Schreibstuben, der Waffenkammer und dem Appellplatz. Im mittleren Lagerteil gab es neben der Wohnung des Lagerkommandanten (praetorium) Getreidespeicher und Werkstätten. Im vorderen Teil standen die Mannschaftsbaracken. In einer Baracke war eine centurie von 80 Mann untergebracht. Jeweils eine Zimmergemeinschaft von 8 Mann bewohnte zwei hintereinander liegende Räume, die zum Wohnen und Schlafen dienten.

Die Römer im Odenwald

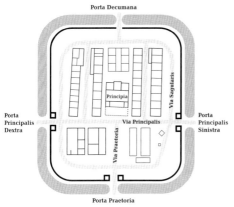

Grundriss Kastell Hesselbach

Zu jedem Kastell gehörte ein Bad, das sich jedoch außerhalb der Wehrmauern befand. Dies galt auch für die entlegensten Gegenden des römischen Reiches. Es stand den Legionären täglich in ihrer Freizeit zur Verfügung. Kaltbad, Warmbad und Schwitzraum sowie Fußboden- und Wandheizung gehörten zu den Standards eines jeden Kastellbades und lassen erkennen, welche Bedeutung die Römer der körperlichen Hygiene beimaßen. Während die Kalträume lediglich einen Estrichboden besaßen, befand sich unter den Warmräumen eine Unterbodenheizung. Auf einem einfachen Estrich standen aus Ziegeln gemauerte Pfeilerchen, die von großen Ziegelplatten abgedeckt waren. Darauf befanden sich mehrere Lagen eines Estrichbodens. Von der außen angebauten Heizkammer wurde Heißluft in diesen Hohlraum geleitet. Von dort wurde sie in vierkantigen Röhren an den Wänden emporgeleitet, so dass sowohl der Fußboden als auch die Wände beheizt wurden. Da das Anheizen der Bäder Tage dauerte, wurde die Beheizung des Badehauses das ganze Jahr hindurch aufrechterhalten.

Die Truppen am Limes

Zur Zeit der Errichtung des Limes bestand das obergermanische Heer aus zwei Legionen sowie einer unbestimmten Anzahl von Numerus-Formationen. Während die Soldaten der Legionen römische Bürger waren, bestanden die übrigen Einheiten aus Hilfstruppen, die nach 25 jährigem Militärdienst das Bürgerrecht verliehen bekamen.

Die Römer im Odenwald   15

Jede Legion war in 10 Kohorten eingeteilt, von denen die erste 1000, die übrigen je 500 Mann besaßen. Die Kohorten wiederum waren unterteilt in Centurien zu je 80 Mann. An der Spitze der Legion stand der Legat, ein Beauftragter des Kaisers, der dem senatorischen Adel entstammte. Die beiden obergermanischen Legionen waren in Mainz und Straßburg stationiert. Der Legat der Mainzer Legion war zugleich Statthalter der Provinz Obergermanien.

Den eigentlichen Schutz der Grenze übernahmen die Hilfstruppen, die in Reitereinheiten (alae), Kohorten und Numeri gegliedert waren. Sie waren aus Angehörigen unterworfener Völker bzw. Stämme rekrutiert worden. Die Reitereinheiten sowie Spezialeinheiten wie z.B. die Bogenschützen genossen innerhalb der Truppe das größte Ansehen. Ehrenvoll entlassene Soldaten gründeten häufig landwirtschaftliche Betriebe oder wurden als Benefiziarier weiter im Dienst belassen.

Aus Inschrifttafeln wissen wir, dass Offiziere der Legion abkommandiert wurden, um den Befehl einer Numerustruppe zu übernehmen. Bei den Ausgrabungen in Hesselbach konnte nachgewiesen werden, dass eine Numerus-Formation eine selbstständig operierende Militäreinheit war und dass der Lagerkommandant für Nachschub und Versorgung verantwortlich war.

Die Bewaffnung der Truppen

So vielschichtig wie die Organisation, so unterschiedlich auch die Bewaffnung der Soldaten.

Der Legionär trug über einer langen Tunika einen meist reich verzierten Schienenpanzer und genagelte, halbhohe Stiefel. Als Schutzwaffen dienten Helm und ein rechteckiger, leicht gebogener Schild. Angriffswaffen waren das Schwert, der Dolch sowie die gefürchtete Wurflanze.

Der Soldat der Hilfstruppe trug eine dreiviertellange Lederhose und eine kurze Tunika. Auch er

Soldat der Hilfstruppe

trug einen Schienenpanzer oder ein Kettenhemd und einen Helm. Im Gegensatz zu den Fußtruppen schützten sich die Reiter durch einen leichteren ovalen oder runden Schild. Angriffswaffen waren die Lanze und, unter germanischem Einfluss entwickelt, das Langschwert. Als weitere Waffen besaßen die Truppen Schleudermaschienen.

Zur Ausrüstung gehörte aber auch alles, was zum Bau von Straßen, Häusern, Wasserleitungen und Kastellen notwendig war. Schließlich hatte jeder Soldat sein eigenes Essgeschirr, seinen Trinkbecher sowie seine eigene Marschverpflegung mit sich zu schleppen.

Der Ausbau des Limes

Unter Kaiser Hadrian (117-138) erfolgte mit der Errichtung einer Palisade als Annäherungshindernis vor dem Patrouillenweg die zweite Ausbaustufe des Limes. Die Palisade bestand aus einer Reihe dicht aneinanderstehender, etwa 3 m hoher, nach oben zugespitzter Eichen- oder Buchenpfähle, die in einem Graben mit trichterförmigem Querschnitt eingelassen waren. Die Pfosten wurden mit Steinen im Boden verkeilt und so vor dem Verfaulen geschützt. Eine Besonderheit stellt das Mauerstück zwischen dem Klein- kastell Zwing und dem Wachtposten WP 10/34 dar, weil aufgrund des steinigen Untergrunds das Aufstellen von Pfählen nicht möglich war.

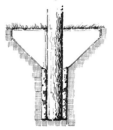

Palisadengraben: Schnitt und Rekonstruktion von WP 10/30

Sein Nachfolger, Kaiser Antoninus Pius (138-161) ließ die Holztürme durch Steintürme ersetzen und auch die Kastelle in Stein ausbauen. Im Gegensatz zu den Holztürmen besaßen die Steintürme mit dem begehbaren Untergeschoss einen weiteren Raum, der zur Aufbewahrung der Mannschaftsvorräte genutzt wurde. Der Eingang zu den Steintürmen lag unverändert im mittleren Stockwerk. Das Obergeschoss hatte breite Aussichtsfenster mit einem Mittelpfeiler. Das Fundament der Steintürme war

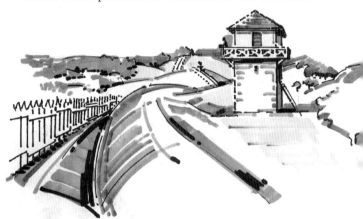

Letzte Ausbaustufe mit Wall und Graben

durchschnittlich 1,20 m und das aufgehende Mauerwerk zwischen 0,75 m und 1 m breit.

Doch unmittelbar nach dieser dritten Ausbauphase wurde der Odenwaldlimes um 155 aufgegeben und eine neue Grenzlinie, wenige Kilometer weiter östlich, an den Main vorverlegt. Diese Vorverlegung auf die Linie Miltenberg – Walldürn – Osterburken – Jagsthausen – Lorch diente nicht dem Landgewinn, sondern dürfte aus strategischen Gründen erfolgt sein, da der schnurgerade Grenzverlauf von Walldürn bis Lorch, eine vermessungstechnische Meisterleistung, besser zu überwachen war.

Der obergermanisch-raetische Limes stellt die am weitesten nach Osten vorgeschobene Grenzsicherung gegen das freie Germanien dar. In diese Grenzsicherung waren etwa 60 Auxiliarkastelle, zahllose Kleinkastelle und mindestens 900 Wachtürme auf einer Strecke von ca. 500 km zwischen Rhein und Donau eingebaut. Unmittelbar nach der Vorverlegung des Limes an den Main erfolgten die ersten Angriffe der Chatten. Zu schweren Zusammenstößen zwischen den Markomannen (germ. Volksstamm) und den Römern kam es zwischen 166 und 180 n. Chr. Die Markomannen zogen über die Alpen bis nach Oberitalien und zwangen Marc Aurel zu ständigen Kämpfen, die ihn tief in markomannisches Gebiet führten. Nach Marc Aurels Tod schloss Commudus Frieden mit dem germanischen Volksstamm und zwang sie zur Abtretung eines Landstreifens nördlich der Donau und zur Bereitstellung von Hilfstruppen. Dennoch konnten die Markomannen nicht vollends befriedet werden und waren immer wieder Anlass für kriegerische Auseinandersetzungen. In diese Zeit fällt die vierte und letzte Ausbaustufe unter Kaiser Septimius Severus (193-211) durch Wall und Graben ein zusätzliches Annäherungshindernis zu schaffen. Erst Kaiser Caracalla (211-217), Sohn des Septimius Severus, gelang es durch militärische Stärke die germanischen Stämme in Schach zu halten, was ihm den Titel „Germanicus Maximus" einbrachte.

Der Zusammenbruch des Limes

Aufstände der Parther im Osten des Imperiums zwangen die Römer zum Abzug von Truppen aus Germanien. Diese momentane Schwächung militärischer Präsenz nutzten die Alemannen für erneute Angriffe und zerstörten zahlreiche Kastelle, Gutsanlagen und Städte. Schatzfunde vor allem entlang der Straßen belegen einen fluchtartigen Rückzug der Römer ins Hinterland. Eine Soldatenrevolte in Mainz im Jahre 235 erzwang die sofortige Rückführung der abgezogenen Truppen und eine Rückeroberung der besetzten Limesgebiete. Diese Revolte führte zur Ermordung des Kaisers Severus Alexander bei Mainz durch die eigenen Soldaten. Sein Nachfolger, der zum Kaiser erhobene General Maximinus Thrax führte einen groß angelegten Vergeltungsschlag gegen die Alemannen und vertrieb sie aus dem Limesgebiet.

Um 242 überfielen die Alemannen im östlichen Bayern den raetischen Limes und zerstörten Kastelle und Siedlungen. Bei erneutem Truppenabzug vom Limes aufgrund innerer Unruhen überrannten die Alemannen

259/60 dann endgültig den Limes und zwangen die Römer ihre Grenze hinter den Rhein zurück zu verlegen. Die Alemannen setzten sich jedoch nicht in den eroberten Gebieten fest, sondern drängten weiter nach Süden.

Sie siedelten entlang der Flussläufe und vor allem in Südwestdeutschland. Ihr weiteres Vordringen nach Süden wurde schließlich durch Kaiser Gallienus gestoppt, der sie bei Mailand vernichtend besiegen konnte. Auch rund 200 Jahre später im Zuge der Völkerwanderung behauptete der Odenwald seinen siedlungsfeindlichen Charakter. Die Erinnerung an die einstigen Anlagen der Römer geriet in Vergessenheit, was sie in gewisser Hinsicht konservierte. Erst zur Zeit der Franken wurde unter Führung der Klöster und der Bistümer dieses wilde Waldgebirge allmählich besiedelt.

Forschungen am Limes

Die ersten Forschungen am Limes verdanken wir den Humanisten. Ausgehend von Italien wurde diese Geisteshaltung im deutschsprachigen Raum vor allem durch Studenten aus Italien verbreitet. Bedeutend wurde im 14. Jahrhundert der Hof Ludwigs des Bayern in München. Aus dem eingehenden Studium der Antike entstand der Wunsch nach der Suche römischer Spuren hierzulande. Hierbei konzentrierte man sich zunächst auf Steininschriften. Ende des 18. Jahrhunderts wurden auf Veranlassung der Preußischen Akademie der Wissenschaften in Berlin, gezielte archäologische Untersuchungen durchgeführt. In der zweiten Hälfte des 18. Jahrhunderts war es vor allem Graf Franz I. von Erbach-Erbach (1754-1823), der durch seinen Oberförster Louis fast alle Kastelle und Wachturmhügel untersuchen ließ. Mit den dort gefundenen Steinen rekonstruierte er in seinem Eulbacher Park römische Bauten und schuf den ersten archäologischen Park Deutschlands. Die Ergebnisse seiner Untersuchungen hielt er in detaillierten Beschreibungen fest, die er in seinem Archiv inventarisierte. Veröffentlicht wurden diese Ergebnisse von dem gräflichen Regierungsrat Johann Friedrich Knapp (1813) in seinem Werk „Römische Denkmale des Odenwaldlimes, insbesondere der Grafschaft Erbach und der Herrschaft Breuberg".

Auf Veranlassung von historischen Vereinen wurden im 19. Jahrhundert zahlreiche Ausgrabungen durchgeführt, ohne dass ein vorher abgesprochener systematischer Forschungsplan vorlag. 1852 bewirkte die erste Versammlung der Deutschen Geschichts- und Altertumsvereine die Bildung einer Kommission zur Erforschung des Limes. Da aber die nötigen finanziellen Mittel fehlten, konnte keine koordinierte Arbeit geleistet werden, und es wurde lokal weitergeforscht.

1892 genehmigte der Reichstag auf Betreiben des Historikers Theodor Mommsen die Geldmittel zur Einrichtung einer Reichslimeskommission, um eine zuweilen laienhafte und unkontrollierte Limesforschung zu unterbinden. Ziel der neu gebildeten Kommission war es, den Verlauf des Limes mit allen Kastellen und Wachtturmstellen genau zu erforschen. Insgesamt wurde der Limes in 15 Strecken eingeteilt und mit jeweils einem Streckenkommissar besetzt, der als Koordinator für alle auf diesem Abschnitt durchgeführten Ausgrabungen und Forschungen fungierte. Kommissar für die Strecke 10, Odenwaldlimes, wurde Wilhelm Conrady.

1937 lag als Ergebnis ein 15 bändiges, in zwei Abteilungen gegliedertes Werk „Der obergermanisch-raetische Limes des Römerreiches" vor, aufgeteilt in die Beschreibung der Strecken und in der der einzelnen Kastelle mit ihrem Fundmaterial.

Nach dem 2. Weltkrieg wurde die Arbeit der Reichslimeskommission in der Zuständigkeit der Landesdenkmalämter wieder aufgenommen. Besonders aufschlussreich waren die Ausgrabungen am Kastell Hesselbach von 1964 bis 1966 (siehe Seite 51 ff.).

Spaziergang durch die Römerstadt Obernburg

1

Ausgangspunkt: Ⓟ *Römermuseum, Untere Wallstraße*
Länge/Zeit: *2,0 km/¾ Stunde*

Am Ende des 1. Jahrhunderts n. Chr. ließ der römische Kaiser Domitian am Main mehrere Kastelle errichten. So entstanden im heutigen Obernburg dicht nebeneinander ein Kohorten- und ein Numeruskastell. In dem Kohortenkastell war die 4. aquitanische Reiterkohorte der 22. Legion stationiert, die zuvor in Friedberg gelegen hatte.

Von dem römischen Kastell von Obernburg, mitten in der Altstadt gelegen, ist nichts mehr sichtbar. Man weiß jedoch, dass einige der heutigen Straßen in ihrem Verlauf den alten Kastellstraßen entsprechen. So verläuft die Römerstraße auf der via principalis und die Badgasse auf der via praetoria. Dies verdeutlicht, dass die meisten Bewohner des Lagerdorfes nach der Eroberung des Limes durch die Alemannen 259/60 in ihren Häusern verblieben und in der Folgezeit das auf einer hochwasserfreien Erhebung errichtete Kastell als befestigtes Dorf nutzten. So wird auch die Namensänderung von „Nemaninga", dem sich auf die Mümling beziehenden ursprünglichen Namen des Kastells in Oboronburg, Obirnburg und schließlich Obernburg in der Bedeutung von „obere Burg" verständlich, da durch die Kastellmauern ein burgähnlicher Schutz gegeben war.

Bauinschrift des Kastells aus dem Jahr 162 n. Chr.

Obernburg

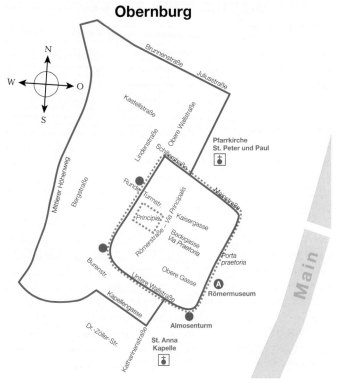

Bei den Untersuchungen durch die Reichslimeskommission in den Jahren 1882 und 1884 durch Wilhelm Conrady konnte eine Kastellgröße von 188 x 166 m ermittelt werden. Das Kastell war im Westen und im Süden von einem 3,75 m breiten und 1,6 m tiefen Graben umgeben, der auf den beiden anderen Seiten nicht mehr nachgewiesen werden konnte. Auch von den Innenbauten ist aufgrund der Überbauung wenig bekannt. Zahlreiche Brandspuren verweisen auf eine Zerstörung während des Chatteneinfalls im Jahre 162 n. Chr. und einen Wiederaufbau der Holzbauten in Stein.

Um das Kastell befand sich ein ausgedehntes Lagerdorf und verweist durch seine Größe auf die Bedeutung des Kastells als Depot und Versorgungslager. Dazu passt auch die 2000-2002 ausgegrabene bedeutende Benefiziarierstation. Die Benefiziarier waren oberste Verwaltungsbeamte des Statthalters, die immer für eine bestimmte Zeit abkommandiert wurden und Sicherheits- und Transportaufgaben wahrnahmen. Unbekannt ist bis heute das notwendigerweise vorhandene Badegebäude.

Das schon erwähnte inschriftlich bezeugte Numeruskastell vermutet man aufgrund verschiedener Funde im Bereich des heutigen Friedhofes.

Bei Baumaßnahmen in der Altstadt stieß man immer wieder auf Spuren der Römer. Es gelang zahlreiche Gegenstände zu bergen, die im Römermuseum ausgestellt sind. Dort veranschaulicht ein Modell die Lage des Kastells und des Lagerdorfes. Besonders sehenswert sind die Weihesteine der Benefiziarier. Daneben findet man zahlreiche Bauinschriften des Steinkastells, Grabsteine und Reste von zwei Jupitergigantensäulen, die 1959 bei einem Schulneubau aus einem römischen Brunnen geborgen werden konnten. Im Obergeschoss vermitteln alltägliche Gebrauchsgegenstände, Handwerkzeug, Münzen und Keramik einen Einblick in das Leben der Kastellbewohner.

Vom Römermuseum führt unser Spaziergang entlang der mittelalterlichen Stadtmauer zum Almosenturm und weiter zur St. Annakapelle, errichtet über einem römischen Mithrasheiligtum. Eine eigene Liturgie zur Verehrung der heiligen Anna führte zur bis heute lebendigen Feier des St. Annafestes am 26. Juli, dem höchsten kirchlichen Feiertag in Obernburg.

Über die Kapellengasse steigt der Weg dann an zum Mittleren Höhenweg mit einem herrlichen Blick über die Stadt und auf das Maintal. Von diesem Aussichtspunkt erkennt man die strategische Lage Obernburgs als römischer Stützpunkt auf einer hochwasserfreien Erhebung zwischen der Mümling und dem Main.

Auf dem Rückweg zum Römermuseum laufen wir an der katholischen Pfarrkirche St. Peter und Paul in der Römerstraße und am Rathaus vorbei. Neben dem 1966 erneuerten Kirchengebäude steht noch der alte Kirchturm von 1581. In ihm befindet sich das Grabmal von Johannes Obernburger (um 1500-1552), dem langjährigen Sekretär Kaisers Karl V. In Höhe der Bachgasse biegen wir links ab. Dort im Kreuzungsbereich stand früher die principia, die Kommandantur des Kastells, mit Fahnenheiligtum, Schreibstube und Waffenkammer. Über sie gehen wir nun hinweg auf unserem Weg zum Römermuseum in der Unteren Wallstraße.

Kastell Lützelbach

Charakteristik:	*Ausgedehnte Waldwanderung*			
Beste Wanderzeit:	*Ganzjährig*			
Ausgangspunkt:	Ⓟ *Kastell Windlücke*			
Wanderkarte:	*TF 20-3 „Breuberger Land"*			
Markierungen:	*L – o. Mark. – WH 3 – Ⓢ – HG 1*			

Ort	km	Zeit	Höhe	Informationen
Ⓟ Windlücke	0,0	0:00	340	🛈
WP 10 / 9	0,7	0:15	360	Wachturm
WP 10 / 8	0,7	0:15	364	Wachturm
ORL 46	0,8	0:15	330	Kastell Lützelbach
Waldhaus Seckmauern	2,5	0:45	280	🚻
Landesgrenze	2,8	0:50	299	Hess.-bayerische Landesgrenze
Haingrund	4,2	1:20	255	
Ⓟ Windlücke	2,3	0:45	340	
Gesamtstrecke	14,0	4:25		Schwierigkeit: Ausdauer

Der relativ kleine Abschnitt zwischen dem Kleinkastell Windlücke und dem Numeruskastell Lützelbach mit den dazwischen liegenden Wachturmstellen WP 10/9 „Im Breitenbrunner Bannholz" und WP 10/8 „Lützelbacher Bannholz" geben uns umfangreiche Informationen über den Limes.

Gleich zu Beginn unserer Wanderung befand sich auf der linken Seite des Weges gegenüber dem Sportplatz das Kleinkastell „Auf der Windlücke". Anfang des 19. Jahrhunderts waren nach Aufzeichnungen noch sichtbare Reste vorhanden. Aber schon bei den Untersuchungen der Reichslimeskommission fand man nur noch Grundmauerspuren. Sie ergaben einen fast quadratischen Grundriss von 13,25 x 13,82 m mit abgerundeten Ecken. Ein Graben rund um das Kastell konnte nicht nachgewiesen werden. Das Kastelltor war nach Osten ausgerichtet. Davor befand sich im Abstand von 27 m die Palisade. Von seiner Bedeutung her war das Kastell eine Art verstärkter Wachtposten, der an dieser Stelle die Passstraße zwischen dem Steinbachtal und dem Breitenbachtal kontrollieren sollte. Die maximal 40 Mann Besatzung, die das Kastell aufnehmen konnte, unterstanden sicherlich den benachbarten Kastellen „Lützelbach" oder „Hainhaus". Heute ist von dieser Anlage nichts mehr im Gelände zu entdecken.

Gleich hinter dem Sportplatz teilt sich der Weg, und wir folgen dem mittleren Hauptweg. Wenig später biegen wir dann mit dem Limes-Wanderweg **„L"** rechts in einen Waldweg ein und wir kommen zur Wachturmstelle WP 10/9 „Im Breitenbrunner Bannholz". Der Standort dieser Turmstelle ist durch einen deutlich sichtbaren Erdhügel und einen gut erhaltenen Ringgraben leicht zu erkennen. Gleiches gilt für den 20 m nördlich davon gelegenen Schutthügel des Steinturmes.

Etwa 700 m weiter nördlich erreicht man den Wachturm WP 10/8 „Lützelbacher Bannholz". Dieser Posten gehört zu den wenigen Turmstellen mit 2 Holztürmen. Bei Grabungen stellte sich heraus, dass der nördliche Holzturm durch Feuer zerstört worden war. Er hatte ein annähernd quadratisches Trockenmauerwerk von 5,6 x 5,8 m und war

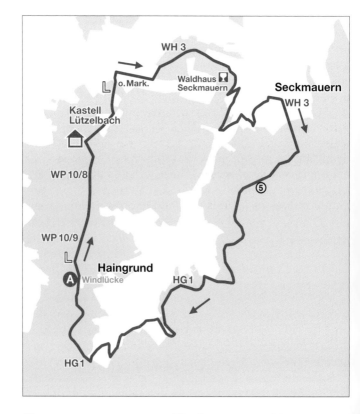

2

Am ehemaligen Wachtposten 10/9

von einem Graben von etwa 17 m Durchmesser und 2 m Tiefe umgeben. Von dem Steinturm ist nichts mehr zu sehen. Da bei den Untersuchungen festgestellt wurde, dass alle drei Turmstellen stark zerwühlt waren, kann man davon ausgehen, dass die Steine beim Bau von Ställen und Häusern anderweitige Verwendung fanden.

Für die Höhe der Wachtürme geben uns die beiden Turmstellen WP 10/8 und WP 10/9 aufschlussreiche Hinweise. Zwischen ihnen befindet sich ein Hügel, der nur dann überblickt werden konnte, wenn die Aussichtshöhe beider Türme mindestens 7,50 m betrug. Berücksichtigt man außerdem einen Bewuchs von Sträuchern, Gras und Farn auf dem zu überblickenden Hügel sowie das Dach des Turmes, so kommt man auf eine Gesamthöhe von etwa 10 m.

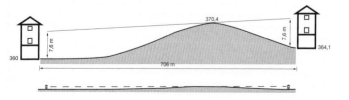

Von der Wachturmstelle WP 10/8 folgen wir dem Limes-Wanderweg „**L**" zu einer Lichtung. Hier befand sich an der linken Wegseite das nördlichste Kastell am Odenwaldlimes, das Numeruskastell „Lützelbach". Im Volksmund wurde es meist „Lützelbacher Schlösschen" genannt, ein Hinweis darauf, dass seinerzeit noch ansehnliche Mauerreste vorhanden gewesen sein mussten. Da das Grundstück, auf dem das Kastell stand, sich in Privatbesitz befand, wurde die Anlage als Steinbruch genutzt. Bei der Untersuchung der Kastellreste durch die Reichslimeskommission (RLK) im Jahre 1895 waren die Mauern schon fast vollständig abgetragen. Heute sind die Reste als wallartige Erhebung im Gelände zu erkennen.

Das „Lützelbacher Schlösschen" war mit 0,5 ha das kleinste Steinkastell am Odenwaldlimes. Es war für eine Besatzung von etwa 120 Mann bestimmt. Die 1,25 m dicke Umfassungsmauer hatte eine Seitenlänge von 70 x 75 m. Das Kastell war von einem 8 m breiten und 1,35 m tiefen Graben umgeben. Das Haupttor befand sich im Südosten im Bereich des heutigen Forstweges. 18,7 m vor dem Kastell konnte der Palisadenzaun mit einem 0,80 m breiten und 0,65 m tiefen Graben nachgewiesen werden. Aus diesem Kastell stammt eine halbkreisförmige Sandsteinplatte mit dem Relief der Siegesgöttin Victoria. Dieses Fundstück

Grundriss Kastell Lützelbach

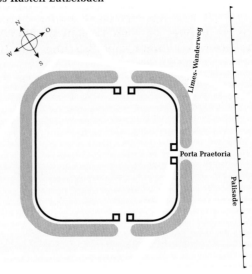

befindet sich seit 1875 im Besitz des Museums von Wiesbaden. Weitere besondere Fundstücke waren ein Bruchstück der Statuette eines Soldaten sowie eine vollplastische Eberdarstellung.

Etwa 40 m nördlich des Kastells liegen auf der Wiese die noch sichtbaren Reste des noch nicht ausgegrabenen Badegebäudes. In seiner Nähe befindet sich eine kleine Quelle, die sicherlich der Wasserversorgung diente.

Hinter der Lichtung kommen wir dann an einem Sportgelände vorbei. Kurz nach Waldaustritt verlassen wir den Limes-Wanderweg und biegen **ohne Markierung** rechts in den Wirtschaftsweg ein. An der Waldecke biegen wir dann links ab, laufen am Waldrand entlang und stoßen auf den Rundweg **WH 3**, dem wir nach rechts in den Wald bergab folgen. Dieser Wanderweg verbindet die am Wochenende bewirtschafteten Waldhäuser Obernburg, Wörth und Seckmauern. Wir wandern am letztgenannten Waldhaus vorbei hinab nach Seckmauern und laufen auf der anderen Talseite wieder hinauf in den Wald. An einer markanten Wegekreuzung an der hessisch-bayerischen Landesgrenze verlassen wir den „3-Waldhaus-Weg", wenden uns nach rechts und folgen dem **Rundweg** ⑤ immer in der Nähe der Landesgrenze entlang. Oberhalb von Haingrund kommt in einer Rechtskehre der örtliche Rundweg **HG 1** aus dem Steinbachtal herauf und verläuft ein kleines Stück auf unserem Weg. Bei der nachfolgenden Abzweigung verlassen wir den Rundweg ⑤ und folgen der Markierung **HG 1** nach rechts. Er führt uns rund um Haingrund in der Nähe der Steinbachquelle vorbei zurück zu unserem Ausgangspunkt.

Kastell Hainhaus

Charakteristik:	Abwechslungsreiche Wanderung mit schönen Ausblicken
Beste Wanderzeit:	Ganzjährig
Ausgangspunkt:	℗ „Kastell Hainhaus"
Wanderkarte:	TF 20-6 „Mittlerer Odenwald"
Markierungen:	▬ (weiß) – Ki 1 – V – L

Ort	km	Zeit	Höhe	Informationen
℗ Kastell Hainhaus	0,0	0:00	455	ℍ ✆ (06061) 74-0
Käsebrünnchen	1,2	0:20	395	ND
Kimbach	1,6	0:30	340	
Bergwachthütte	1,2	0:25	400	Schutzhütte, Aussichtspunkt
WP 10/18	2,7	0:55	470	Im Strichherrenwald
WP 10/17	0,7	0:15	470	In den Heumatten
Vielbrunn	1,4	0:25	440	🚻
WP 10/14	1,9	0:40	460	An der Döllchenschneise
℗ Kastell Hainhaus	0,9	0:15	455	
Gesamtstrecke	11,6	3:45		Schwierigkeit: mittel

Das Numeruskastell Hainhaus, an dem wir unsere Wanderung beginnen, war auf der Passstraße zwischen dem Mümling- und dem Maintal angelegt. Das nach Osten

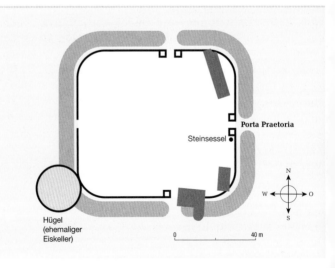

Porta Praetoria

Steinsessel

N
W ◄─┼─► O
S

Hügel
(ehemaliger
Eiskeller)

0   40 m

ausgerichtete Kastell hatte eine Größe von 72 x 79 m. Die Umfassungsmauern hatten eine Breite von 0,8 m. Der Fund mehrerer verputzter Quadersteine am Osttor lässt vermuten, dass die gesamte Wehrmauer verputzt war. Vor der Mauer befand sich ein einfacher Graben. Der dahinter angeschüttete 5 m breite Wall ist noch deutlich erkennbar. Er diente den Söldnern als Wehrgang. Der Erdhügel in der Südwestecke ist nicht römischen Ursprungs, sondern der Erdaushub eines aufgegebenen Eiskellers. Das Kastell hatte drei mit Türmen bewehrte Tore. Auf der westlichen Rückseite befand sich außerdem eine Durchschlupfpforte. Bei den von der Reichslimeskommission durchgeführten Ausgrabungen zeigte sich, dass das Osttor am besten erhalten war. Es hatte eine Breite von 3,46 m und die das Tor flankierenden Türme hatten einen Umfang von 2,75 x 3,60 m. Im Zentrum des Kastells stand die *principia* mit Fahnenheiligtum, Schreibstube und Waffenkammer. Davor war der Appellplatz, dahinter das Haus des Kommandanten. Seitlich davon befanden sich die Mannschaftsunterkünfte, Stallungen, Lagerhallen, Werkstattbauten sowie die Latrinen. Auch das zu jedem Kastell gehörende Bad wurde etwa 180 m nordwestlich der Anlage gefunden.

In einer Urkunde von 1432 wurde das Kastell Hainhaus als „Bentzenburg" bezeichnet, was soviel wie Gespenster oder Geisterburg bedeutet. Man muss darin das Bemühen einer Deutung der unnatürlichen Steinansammlungen sehen. Auch die Bezeichnung „Hainhaus" in der Bedeutung von „Hüne" = Riese dokumentiert, dass früher noch umfangreiche Ruinen vorhanden gewesen sein mussten.

In diese Kastellruine bauten die Fürsten von Löwenstein-Wertheim-Rosenberg im 18. Jahrhundert ein Jagdschloss. Glücklicherweise sind bei diesen Baumaßnahmen die Umfassungsmauern des Kastells nur an wenigen Stellen zerstört worden. Man war offensichtlich bemüht, die Gebäude in die bestehende Anlage zu integrieren, und das Osttor des Kastells wurde als Zugang zum Jagdhaus sinnvoll genutzt. Neben der Zufahrt hatte der Fürst 6 Steinsessel aufstellen lassen, die, dem romantischen Zeitgeist entsprechend, einen Hauch römischer Vergangenheit vermitteln sollten. Es ist jedoch umstritten, ob der Fürst die aus einem Block gehauenen barocken Steinsessel mit volutengeschmückten Arm- und Rückenlehnen extra hat anfertigen lassen, oder ob man sie von dem ehemaligen Viel-

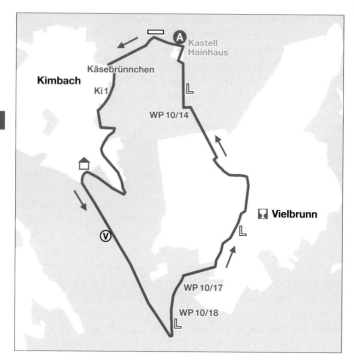

brunner Gerichtsplatz hierher transportiert hat, um den fürstlichen Jagdgesellschaften als Sitzplatz zu dienen.

Vom Kastell folgen wir der OWK-Markierung ▬ (weiß) die Kimbacher Schneise abwärts zum Haselgrund. Unterwegs sieht man auf der linken Seite zwei beschriftete Grabsäulen. Wenig später erreicht man die Stelle, an der sich früher das Kastellbad befand. Noch im 19. Jahrhundert müssen sichtbare Reste vom Bad vorhanden gewesen sein. Im Römischen Zimmer der Gräflichen Sammlung im Erbacher Schloss befindet sich eine Ziegelplatte aus dem Bad mit dem Legionsstempel **LEG XXII – P – PF – Q**

Diese Inschrift bedeutet: XXII Legion Primigenia (Name der Legion), pia fidelis = die Kaisertreuen, ein verliehener Ehrentitel für die Angehörigen dieser Legion, da sie sich 89 n. Chr. nicht dem gegen Kaiser Domitian revoltierenden Statthalter Gaius Antonius Saturninus angeschlossen hatten.

Am Waldrand, in der Nähe des Käsebrünnchens, verlassen wir die OWK-Markierung und folgen dem örtlichen Rundweg **Ki 1** nach links. Dieser herrliche Panoramaweg führt uns in Waldrandnähe um Kimbach herum, stößt am Ortsende auf die Straße nach Vielbrunn, führt diese ein kleines Stück aufwärts und verläuft dann auf der anderen Seite durch den Wald aufwärts zur Bergwachthütte, die 1965 von der Bergwacht-Bereitschaft Kimbach errichtet wurde und einen herrlichen Blick auf Kimbach bietet.

Urkundlich wurde Kimbach erstmals 1359 als „Kuntebuch" erwähnt. 1551 gaben die Grafen von Erbach das Dorf im Tausch gegen Ober-Kainsbach den Grafen von Wertheim. 1556 wurde Kimbach der Herrschaft Breuberg zugeordnet, was durch zahlreiche Grenzsteine rund um den Ort deutlich erkennbar ist.

Nach einem Linksbogen erreichen wir die „Hohe Straße" und folgen ihr mit dem Verbindungsweg „**V**" leicht ansteigend nach links durch den Zentwald. Sie mündet in die L 3349, die auf lange Strecken parallel zum Limes verläuft. Hier stoßen wir auch auf den Limes-Wanderweg „**L**", dem wir entlang der Straße nach links zum Wachturm WP 10/18 „Im Strichherrenwald" folgen.

Der Turmhügel besteht lediglich aus dem noch unberührten Holzturm. Der Steinturm ist dem Bau der Straße zum Opfer gefallen. Etwa 700 m weiter befindet sich auf der linken Straßenseite der Wachturm WP 10/17 „In den Heumatten". Dieser ansehnliche Turmhügel mit Ringgraben ist ebenfalls noch nicht untersucht worden. Hier biegt der Wanderweg nach rechts in den Wald und führt nach Vielbrunn.

Vielbrunn wurde im 11. Jahrhundert erstmals als „Villebrunnen" urkundlich erwähnt. Weitere Nennungen waren 1159 als „Fallebrunne" und 1165 „Fullenbrunnen". Der Name „Vielbrunn" ist aber nicht als Ort zahlreicher Brunnen zu deuten, da nachweislich über Jahrhunderte das ganze Dorf aus einem einzigen, aber stark schüttenden Brunnen mit Wasser versorgt wurde. Die Vorsilbe „Viel" ist hier als „stark fließend" zu verstehen. Erst mit der rasch anwachsenden Bevölkerungszahl im 19. Jahrhundert wurde ein zweiter Brunnen angelegt bevor Anfang des 20. Jahrhunderts die zentrale Wasserversorgung eingerichtet wurde.

Mönche des Klosters Amorbach hatten Vielbrunn am Rande einer Rodung auf der Hochebene angelegt. Über die Grafen von Wertheim und das Kloster Bronnbach a. d. Tauber kam der Besitz um 1200 an die Herren von

Blick auf Vielbrunn

Lützelbach, den späteren Herren von Breuberg. Mit dem Erwerb der Hälfte der Herrschaft Breuberg im Jahre 1556, hatten auch die Grafen von Erbach-Schönberg Anteil an Vielbrunn. Nach dem Dreißigjährigen Krieg war der Ort fast ausgestorben und konnte sich nur mühsam wieder erholen. 1806 wurde Vielbrunn als Teil der Herrschaft Breuberg dem Großherzogtum Hessen-Darmstadt zugeordnet. Verwaltet wurde Vielbrunn zunächst vom Landratsamt Neustadt und gehört seit 1874 zum Kreis Erbach. Bei der Gemeindereform von 1971 wurde der Ort Stadtteil von Michelstadt, obwohl es zwischen den beiden Ortschaften in all den zurückliegenden Jahrhunderten nie eine historische oder administrative Beziehung gegeben hat.

Wir folgen dem Limes-Wanderweg „**L**" durch den Ort und über die Hochfläche. Nach Eintritt in den Wald biegt der Wanderweg an der Dellchen-Schneise links ab und überquert die L 3349. Hier steht auf der linken Seite, zwischen Weg und Straße, der Wachturm WP 10/14 „An der Döllchenschneise". Er besteht aus dem gut sichtbaren Holzturmhügel. Auch hier ist der Steinturm vermutlich dem Straßenbau zum Opfer gefallen.

Der Wanderweg führt nun im geringen Abstand parallel zur Straße zurück zum Kastell Hainhaus.

Im Eulbacher Wildpark

Charakteristik: *Unterhaltsamer Spaziergang
durch den ältesten archäologischen
Park Deutschlands.*
Beste Wanderzeit: *Ganzjährig/Öffnungszeiten*

Vom einstigen Kastell Eulbach ist für Laien heute nichts mehr zu erkennen. Die Bundesstraße 47 von Michelstadt nach Amorbach verläuft mitten durch die ehemalige Anlage. Graf Franz I von Erbach-Erbach hatte 1806 die Ruine noch untersuchen und die Fundstücke in seinen neu angelegten Park bringen lassen, um sie dort in neuen Aufbauten wieder zu verwenden. Dabei hatte man weniger auf eine originalgetreue Rekonstruktion geachtet, als sich beim Aufbau vielmehr von romantischen Vorstellungen inspirieren lassen.

Kastell Eulbach lag an einer zentralen Stelle, an der schon in römischer Zeit verschiedene Wege zusammenliefen. Die Wahl des Standortes hatten die Römer also nach strategischen Gesichtspunkten vorgenommen. Die Ausgrabungen ergaben eine Kastellgröße von 70 x 78 m und entsprachen damit den Maßen eines Numeruskastells mit einer Besatzung von 150 Mann. Der Wehrgraben war bis zu 7,50 m breit und 1,6 m tief. Das Kastell hatte drei Tore von 3,30 m Breite. Türme sollen an den Toren gefehlt haben.

Viellleicht wurde nach Abzug der Römer auch weiterhin auf dem Plateau gesiedelt, denn 819 wurde Eulbach im Lorscher Codex bei der Grenzbeschreibung der Mark Michelstadt erstmals urkundlich erwähnt. Im Mittelalter hatte sich Eulbach zu einem kleinen Dorf entwickelt, dessen Einwohnerzahl zwischen 50 und 80 schwankte. Das vorläufige Ende für Eulbach kam mit dem Dreißigjährigen Krieg. Der Ort wurde völlig verwüstet und starb aus. Nach dem Krieg ließen die Grafen von Erbach die brach liegenden Flächen aufforsten. Der Rest der einstigen 11 Huben wurde zu einem gräflichen Hofgut zusammengelegt, das bis 1842 bestand. 1771 ließ Graf Franz ein einstöckiges, massives Jagdhaus errichten. Dieses wurde um 1800 in

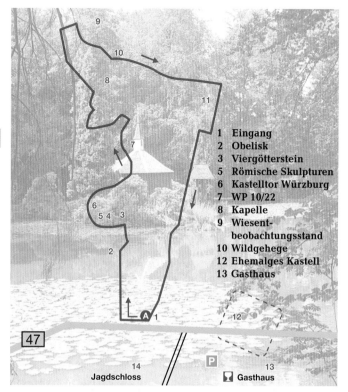

4

1 Eingang
2 Obelisk
3 Viergötterstein
5 Römische Skulpturen
6 Kastelltor Würzburg
7 WP 10/22
8 Kapelle
9 Wiesent-
  beobachtungsstand
10 Wildgehege
12 Ehemalges Kastell
13 Gasthaus

47

14
Jagdschloss

P

13
Gasthaus

Fachwerk aufgestockt und als gräflicher Sommersitz eingerichtet. 1802 kamen ein Forsthaus, Stallungen und ein
großer Hof mit Jägerei hinzu, von dem sich Teile in dem
heutigen Gasthof erhalten haben. Graf Eberhard ließ 1846
das Jagdhaus in ein kleines Schloss mit Eckturmmerkern
ausbauen. Das auch im Innern bestens ausgestattete
Schloss ist heute der Wohnsitz der gräflichen Familie zu
Erbach-Erbach.

Bereits 1795-98 hatte Graf Franz einen riesigen Wildpark von ca. 3000 ha anlegen lassen, von dessen einstiger
Einfriedung noch zahlreiche Reste im Wald zu finden sind.
Dieser wurde bereits 1848 erheblich verkleinert und besteht
seit 1912 nur noch auf einer Restfläche von ca. 400 ha, auf
der Hirsche, Wildschweine und Wisente gehegt werden.
Bekanntester Teil der Anlage und Besuchermagnet ist der
im Wildpark integrierte Englische Garten. Der Entwurf
stammt von dem größten Landschaftsgartenarchitekten
seiner Zeit, dem kurpfälzisch-kurmainzischen Hofgar-

tenbaudirektor Friedrich Ludwig von Sckell, der auch die Landschaftsgärten in Schwetzingen, München und Wiesbaden-Biebrich schuf. Der Park wurde mehrmals erweitert, so 1810 und vor allem 1818, als durch den Aushub des großen Weihers der Hügel entstand, auf dem Graf Franz eine künstliche Ruine, die Eberhardsburg, erbauen ließ. Dem Geschmack der Zeit entsprechend bestückte er den Park mit römischen Fundstücken, die er bei seinen Grabungen am Odenwaldlimes zutage förderte. So entstand ein liebenswertes Zeugnis romantischer Bemühungen zur Wiedererweckung vergangener Epochen.

Aus den Steinen des Kastells Würzberg ließ Graf Franz einen acht Meter hohen Obelisken bauen. Es ist eine verkleinerte Nachbildung des 45 m hohen Obelisken des Sonnentempels in Heliopolis, der heute in Rom steht. Eine nicht beschriftete Tafel aus dem gleichen Kastell wurde mit folgender Inschrift versehen: „Ex ruderibus castelli Romani ad Wirzberg extructus" (Aus Trümmern des römischen Kastells zu Würzberg errichtet).

Aus Steinen des 1806 jenseits der Straße ergrabenen Kastells Eulbach ließ der Graf ein Kastelltor aufbauen und ein zweites, größeres Kastelltor, entstand aus den restlichen Steinen des Würzberger Kastells. Die Rekonstruktion beider Kastelltore entspricht jedoch nach heutiger Kenntnis nicht dem ursprünglichen Zustand. Man geht davon aus, dass die Höhe der Kastellmauer 4 bis 5 m betragen

Kastelltor

Nachbildung des Obelisken von Heliopolis

hat. Auch die künstliche Ruine eines Wachturmes wurde im Park aufgebaut. Die hierzu verwendeten Steine stammen von dem Wachturm WP 10/22 südlich des Parks. Nach neuesten Untersuchungen aber konnte festgestellt werden, dass die Maße des nachgebauten Turmes nicht dem Original entsprachen. Da die Abtragung der Steine nur an der Oberfläche erfolgt war, blieben die Fundamente erhalten und konnten bei erneuten Grabungen exakt vermessen werden. Am Turm sind zwei Inschrifttafeln eingelassen. In der Mitte die zerbrochene Bauinschrift des Steinturmes WP 10/22, wonach dieser von britischen Söldnern im Jahre, in dem Kaiser Antoninus Pius zum vierten Mal Konsul war (= 145 n. Chr.), errichtet worden war, und rechts daneben ist die Inschrift der *Cohors I Sequanorum et Rauracorum* vom WP 10/34 eingemauert.

Graf Franz und seine Nachfolger ließen noch zahlreiche andere römische Fundstücke nach Eulbach bringen und in dem Park aufstellen. So findet man hier Stützpfeiler und Zwergsäulen von Aussichtsfenstern ehemaliger Wachtürme, die man irrtümlich für Grabsteine römischer Legionäre hielt, beschriftete Steinsockel, Inschrifttafeln und Altarsteine. Sie geben uns wertvolle Hinweise wie z. B. auf den genauen Zeitpunkt ihrer Aufstellung oder die Besatzung eines Kastells. Neben den römischen Steinen findet man im Park auch alte Gemarkungs- und Grenzsteine. Aus den Steinen der Burg Wildenberg, der Leonhardskapelle bei Beerfelden/Falken-Gesäß, dem oberen Tor in Michelstadt und dem Schloss Reichenberg ließ Graf Franz die künstliche Ruine der Eberhardsburg zusammenbauen. Mit dieser Sammlung hat Graf Franz den ältesten archäologischen Park Deutschlands geschaffen, der einen nachhaltigen Eindruck vom Odenwaldlimes vermittelt, selbst wenn die Rekonstruktionen nicht unbedingt dem ursprünglichen Zustand entsprechen.

Fenstersäule

Viergötterstein

Kastell Würzberg

Charakteristik:	Wanderung durch eine reizvolle Landschaft zu historischen Sehenswürdigkeiten
Beste Wanderzeit:	Ganzjährig
Ausgangspunkt:	Ⓟ Adlerschlag, Würzberg
Wanderkarte:	TF 20- 6 „Mittlerer Odenwald"
Markierungen:	L – B 1 – ⊥ (gelb) – ✕ (rot) – ①

Ort	km	Zeit	Höhe	Informationen
Ⓟ Adlerschlag	0,0	0:00	540	ℹ ✆ (06061) 74-0
WP 10/25	1,1	0:20	540	Auf dem roten Buckel
Kastell Würzberg	1,2	0:20	525	ORL 49
Eutergrund	2,2	0:40	400	
Bullauer Bild	2,3	0:50	520	KD, 🚻
Ⓟ Adlerschlag	3,7	1:05	540	
Gesamtstrecke	10,5	3:15		Schwierigkeit: leicht

Ausgangspunkt der Wanderung ist der Naturpark-Parkplatz „Adlerschlag" bei Würzberg. Vom Parkplatz folgen wir dem Limes-Wanderweg „L" in südlicher Richtung zum Jägertor und von dort geradeaus weiter über die „Hohe Straße". Nach etwa 300 m biegt der Limes-Wanderweg nach links in den Fichtenbestand ein und führt uns zum Wachturm WP 10/25 „Auf dem roten Buckel". Diese Fundstelle wurde erst 1975 im Zusammenhang mit der Anlage eines Limes-Lehrpfades vollständig ausgegraben und restauriert. Mit den gefundenen Originalsteinen konnten die Fundamente des 5,40 x 5,40 m großen Steinturmes mehrere Steinlagen hochgezogen werden. Vor den Ausgrabungen hatte sich diese Turmstelle als flacher Hügel im Gelände abgezeichnet. Bei den Ausgrabungen stieß man auf Brandspuren, die erkennen ließen, dass dieser Turm durch Feuer zerstört worden war. Im Innern fand man zahlreiche Keramikscherben von Gebrauchsgegenständen sowie einige Eisenbruchstücke. Auch der nördlich vom Steinturm gelegene Holzturm wurde untersucht. Dabei stellte sich heraus, dass die Trockenmauerreste sich in einem schlechten Zustand befanden. Reste einer Palisade wurden nicht gefunden, wohl aber die des Begleitweges 34 m östlich der Turmstelle.

Vom Wachturm führt der Limes-Wanderweg wieder zurück auf die Hohe Straße und auf dieser entlang zum Kastell Würzberg und dem 1981 restaurierten Römerbad.

Das Kastell Würzberg wurde früher auch „Hainhaus" oder „Hainhäusel" genannt, trug also die gleiche Bezeichnung wie das Kastell bei Vielbrunn. Diese Bezeichnung deutet auf Felsanhäufungen hin, ein Hinweis dafür, dass noch imposante Ruinenreste vorhanden gewesen sein mussten. Als Graf Franz das Kastell 1806 untersuchen ließ, galt es als das am besten erhaltene am gesamten Odenwaldlimes. Es hatte eine Größe von 74 x 81 m = 0,6 ha und damit etwa die gleichen Maße wie die benachbarten Kastelle Vielbrunn, Eulbach und Hesselbach. Mit der Begründung „das wertvolle Vermächtnis der Vergangenheit dem gänzlichen Untergang zu entreißen", ließ Graf Franz

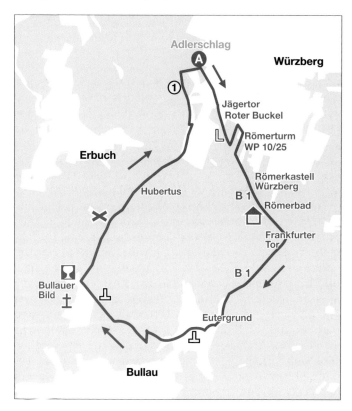

Grundmauern Kastellbad Würzberg

fast alles vorhandene Steinmaterial in seinen neu angelegten Park bringen, um dort ein Kastelltor aufzubauen.
Das restliche Steinmaterial diente ihm für die Errichtung
eines Obelisken. Diese Abräumarbeiten erfolgten jedoch
nur „oberflächlich" und ließen die Fundamente unberührt.
Sie zählen heute zu den am besten erhaltenen am Odenwaldlimes. Der Besucher kann im Gelände noch deutlich
die Umwehrung mit Graben erkennen und den Wall rundherum ablaufen. Die Umfassungsmauer hatte eine Stärke
von 0,9 m. Der hinter der Wehrmauer aufgeschüttete Wall
besaß eine Breite von 5 m. Eine genaue Untersuchung der
Wehrmauer ließ drei verschiedene Bauphasen erkennen.
In der ersten Bauphase um 100 n. Chr. wurde die Wehrmauer als eine Holz-Erde-Mauer erbaut. Auf den Resten
dieser Mauer wurden zwei Trockenmauern hochgezogen,
die mit Lehm und Holzknüppellagen ausgefüllt wurden.
In der dritten Bauphase, etwa gleichzeitig mit der Errichtung der Steintürme, wurde die gesamte Umwehrung aus
Stein gebaut. Die drei Tore befanden sich in nordöstlicher,
nordwestlicher und südöstlicher Richtung, während sich
auf der Rückseite des Kastells eine kleine Pforte befand.

Eindrucksvoller und bekannter als das Kastell ist jedoch das 1981 vom Landesamt für Denkmalpflege Darmstadt restaurierte Kastellbad. Derartige Bäder waren für
die Römer unverzichtbarer Bestandteil eines jeden Kastells. Das Badegebäude befand sich außerhalb der Wehr-

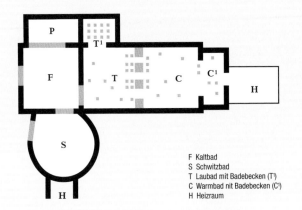

F Kaltbad
S Schwitzbad
T Laubad mit Badebecken (T¹)
C Warmbad nit Badebecken (C¹)
H Heizraum

Grundriss: Kastellbad Würzberg

mauern und stand den Legionären täglich in ihrer Freizeit zur Verfügung. Kaltbad, Warmbad und Schwitzraum sowie Fußboden- und Wandheizung gehörten zu den Standards eines jeden Kastellbades und lassen erkennen, welche Bedeutung die Römer der Hygiene beimaßen.

Das Kastellbad von Würzberg hat eine Ausdehnung von 16 x 13 m. Es musste in zwei Bauabschnitten erstellt worden sein, da zwischen dem Heißluftraum und dem sich anschließenden Kaltbad kein Mauernverbund bestand. Das Badegebäude war in einen Kalt- und einen Warmbadetrakt unterteilt. Während die Kalträume lediglich einen Estrichboden besaßen, befand sich unter den Warmräumen eine Unterbodenheizung. Auf einem einfachen Estrich standen aus Ziegel gemauerte Pfeiler, die von großen Ziegelplatten abgedeckt waren. Darauf befanden sich mehrere Lagen eines Estrichbodens. Von dem außen an das Sudatorium und das Caldarium angebauten Heizraum wurde Heißluft in diesen Hohlraum geleitet. Von dort wurde diese außerdem in vierkantigen Röhren an den Wänden hochgeleitet, so dass sowohl der Fußboden als auch die Wände beheizt wurden. Der Badevorgang entsprach den unterschiedlichen Räumen des Bades. Von einem möglicherweise hölzernen Umkleideraum (in Würzberg konnte ein solcher nicht nachgewiesen werden) betrat man das Frigidarium, den Kaltbaderaum. Von dort begab man sich in das Sudatorium, den Schwitzraum. Zur Abkühlung durchquerte

Bullauer Bild

man das Frigidarium und ging in die Piscina, einem Kaltwasserbecken auf der gegenüberliegenden Seite des Sudatoriums. Diesen Teil des Badens kann man mit der heutigen Sauna vergleichen. Von der Piscina begab man sich dann in das Tripidarium, einem lauwarm beheitzten Raum mit einem lauwarmen Badebecken und von dort in das Calidarium, einem warmen Raum mit einem Warmwasserbecken. Auf dem Rückweg wurden die einzelnen Badestationen in umgekehrter Reihenfolge durchlaufen. Das Dach des Badehauses war mit Ziegeln gedeckt, um die Wärme im Gebäude besser speichern zu können. Da das Anheizen des Bades Tage dauerte, wurde die Beheizung das ganze Jahr hindurch aufrecht erhalten.

Nach Besichtigung des Römerbades gehen wir weiter zum Frankfurter Tor. Hier verlassen wir den Limes-Wanderweg und folgen der örtlichen Markierung **B 1** entlang der hessisch-bayerischen Grenze mit sehenswerten Grenzsteinen hinab in den Eutergrund. Wer erstmals diesen Talkessel betritt, wird überrascht sein von der landschaftlichen Idylle des unter Naturschutz stehenden und rundherum von Wäldern eingeschlossenen Talkessels. An einer alten, aber noch bewohnten und betriebenen Sägemühle, stoßen wir auf die OWK-Markierung ⊥ (gelb) und folgen ihr nach rechts durch den Talgrund aufwärts zum *Ballauer Bild*. Am gleichnamigen Gasthof biegen wir im spitzen Winkel links ab und sehen nach etwa 100 m rechts im Wald einen der auffälligsten Bildstöcke im Odenwald. Er ist etwa 1,50 m hoch und trägt die Jahreszahl 1561 (alte Schreibweise der 5). Er ist von einer alten, mehrstämmigen Buche so umwachsen, dass sie ihn zu zerdrücken scheint. Nur die Vorderseite schaut noch aus dem Stamm heraus. Das Bullauer Bild steht an einem alten Wallfahrtsweg quer durch den Odenwald zum Heilig-Blut-Altar nach Walldürn. 1330 hatte ein junger Priester während der Messe versehentlich den Altarkelch umgestoßen, worauf sich auf dem Kelchtuch das Christusbild umgeben von elf dornengekrönten Häuptern bildete. Dieses Geschehen wurde 1445 vom Papst als Wunder anerkannt und war der Beginn zahlreicher Wallfahrten, die bis heute andauern. Vier Wochen lang, beginnend am Sonntag nach Pfingsten, wandern mehr als 180 000 Gläubige alljährlich zum Heilig-Blut-Altar nach Walldürn. Der Bildstock zählt zu den ältesten im Odenwald. Das Marienbild mit dem Kind in dem ursprünglich leeren Häuschen ist neueren Datums. Bemerkenswert ist das Jahr der Aufstellung: 1561. Bedenkt man, dass 1544 die Reformation in der Grafschaft Erbach eingeführt wurde, so erscheint die Aufstellung dieses Bildstockes auf ihrem Territorium merkwürdig. Es ist jedoch bekannt, dass in der Grafschaft Erbach keine Eiferer Zeugnisse des alten Glaubens beseitigten. Auch war der Standort des Bildstockes außerhalb bewohnter Gebiete, sodass Missgunst der Nachbarschaft keine Auswirkungen hatte. Der Pilgerstrom nach Walldürn, der rund 100 Jahre vorher durch das Ablassversprechen von Papst Eugen IV. eingesetzt hatte, war durch die Reformation zwar gebremst, aber niemals unterbrochen worden. So erklärt sich, dass Pilger auf ihrem Weg nach Walldürn an einem verschwiegenen Ort ein Zeichen ihrer Verehrung und ihrer Frömmigkeit errichteten.

Vom Bullauer Bild gehen wir wieder zurück auf den Wanderweg und folgen der OWK-Markierung ✕ (rot) am Gasthof vorbei über die alte „Bullauer Straße". Am Wegrand sehen wir in unregelmäßigen Abständen auffällige, grob behauene Findlingssteine unterschiedlicher Größe und Form mit sehr sorgfältig eingemeißelten Buchstaben „E" und „G". Sie verweisen auf eine Nutzungsaufteilung der Grafschaft Erbach innerhalb der Familie.

Nach dem Aussterben des Hauses Erbach-Erbach (1503) und Erbach-Michelstadt (1531), war die Herrschaft bei der Linie Reichenberg-Fürstenau. Nach dem Tode ihres Vaters Graf Eberhard I. (1475-1539), beschlossen seine Söhne, Graf Georg I. (1506-1569) und Graf Eberhard II. (1511-1564), eine Nutzungsteilung, in die sie auch ihren jüngsten Bruder Valentin mit einbezogen. Sie vereinbar-

E/G-Stein

ten Eigentum und Hoheitsrechte beim Gesamthaus der Grafschaft zu belassen, die Nutzung dagegen unter die jeweiligen Linien des Hauses aufzuteilen. Aus dieser Zeit stammen die zahlreichen Teilungssteine, besser bekannt unter der Bezeichnung E/G-Steine. Die Tatsache, dass derartige Steine an der Nutzungsgrenze des jüngeren Bruders Valentin fehlen, bedeutet, dass ursprünglich nicht an eine Dreiteilung gedacht war, da traditionsgemäß der jüngste von drei Brüdern in den geistlichen Stand trat, um das angestammte Territorium nicht zu zersplittern. Durch die Einführung der Reformation in der Grafschaft in den Jahren von 1539-1544 aber löste man den Bruder aus dem geistlichen Stand und zog ihn in die Nutzungsaufteilung der Grafschaft mit ein. Er erhielt das Amt Schönberg. Nach dem erneuten Aussterben der Linien Erbach und Schönberg erfolgten weitere Nutzungsteilungen, die letzte 1747. Damals erhielt die Linie Erbach-Erbach die Ämter Erbach, Wildenstein, Reichenberg, Zell, Würzberg, Eulbach und Ober-Kainsbach. Die Linie Erbach-Fürstenau bekam die Ämter Fürstenau mit Michelstadt, Freienstein mit Beerfelden sowie Bullau und Stockheim und erwarb später noch die Herrschaft Rothenberg. Die dritte Linie, Erbach-Schönberg, behielt das Amt Schönberg mit den Besitzungen an der Bergstraße und erhielt dazu das Amt König sowie die Hälfte der Kondominatsherrschaft Breuberg. Diese Besitzverteilung blieb bis zur Eingliederung der gesamten Grafschaft in das Großherzogtum Hessen-Darmstadt im Jahre 1806.

Nach Waldaustritt biegen wir an der nachfolgenden Kreuzung links ab und laufen mit dem Rundweg ① zunächst am Waldrand und dann durch den Wald zurück zum Parkplatz „Adlerschlag".

Kastell Hesselbach

Charakteristik:	Angenehme Waldwanderung zum Dreiländerstein und zu dem restaurierten Wachturm „Vogelbaumhecke"
Beste Wanderzeit:	Ganzjährig
Ausgangspunkt:	℗ Hesselbach, Ortsmitte
Wanderkarte:	TF 20-10 „Beerfelder Land"
Markierungen:	③ – L

Ort	km	Zeit	Höhe	Informationen
℗ Hesselbach	0,0	0:00	480	🛈 ✆ (06068) 930320
Dreiländerstein	1,5	0:25	530	KD
WP 10/30	2,5	0:45	500	Vogelbaumhecke
Kastell	2,6	0:45	490	ORL 50
℗ Hesselbach	0,4	0:05	480	🚻
Gesamtstrecke	7,0	2:00		Schwierigkeit: leicht

Das kleine, abseits gelegene und ringsum von Wäldern eingeschlossene Hesselbach war in früheren Jahrhunderten ein bekannter und vielbesuchter Wallfahrtsort.

Als Kaiser Heinrich II. 1011 dem Bistum Worms den Wildbann östlich vom Euter- und Itterbach schenkte, war dieses Gebiet eine kaum erschlossene Waldmark. Mitte des 11. Jahrhunderts konnte dann das Kloster Amorbach den Wormser Besitz erwerben. Man darf jedoch nicht davon ausgehen, dass dies der Beginn einer Besiedlung in Hesselbach war. In einem Grundbuch des Klosters Amorbach werden nämlich Hesselbach und Neubrunn, das heutige Ernsttal, erst am Schluss der dort erwähnten Siedlungen aufgeführt. Urkundlich wurde Hesselbach erstmals am 13. November 1334 genannt, als Irmengard von Auerbach (Elztal) ihren Anteil am Zehnten und an der Gült auf dem Wolzin-Gut in Hesselbach dem Kloster Amorbach verkaufte. Im Unterschied zu den langgestreckten Hubendörfern in den Tallagen, wurde Hesselbach als Haufendorf gegründet. Auf der freien Hochfläche ließ sich das Dorf dadurch leichter gegen äußere Bedrohung wie Feinde oder Raubwild abschirmen.

Im Mittelalter wurde der kleine Ort durch seine bei Augenleiden, Kopf- und Kindererkrankungen als heilkräftig angesehene Quelle weithin bekannt. Benediktinermönche erbauten um 1400 über der Quelle eine kleine Kapelle und weihten sie der heiligen Odilia. Diese, im Jahre 620 blind geborene Tochter des elsässischen Herzogs Eticho, soll durch die Taufe sehend geworden sein. Sie galt fortan als Schutzpatronin für Augenleiden. Kapelle und Quelle wurden Ziel zahlreicher Wallfahrten, die am Kirchenweih-tag, am 3. Sonntag nach Pfingsten, und am 13. Dezember, dem Gedenktag der Hl. Odilia und der Hl. Luzia, eben-falls Schutzpatronin von Hesselbach, ihren Höhepunkt fanden. Die Hl. Luzia soll um Christi willen ihre Augen geopfert haben und fand 303 in ihrer Heimatstadt Syrakus den Märtyrertod. Betreut wurde Hesselbach von der Pfar-rei Mudau. Mehrmals wöchentlich unternahm der Pfarrer von Mudau den langen Weg nach Hesselbach.

Der Dreißigjährige Krieg brachte das scheinbare Ende für Hesselbach. Der Ort wurde verwüstet und niemand überlebte. Doch bald nach dem Krieg wurde das Kirch-lein wieder aufgebaut, und die Wallfahrten setzten erneut ein. Im 18. Jahrhundert wurde die Situation für Hessel-bach unerträglich. Das Kirchlein war baufällig geworden, der Pfarrer aus Mudau kam nicht mehr, weder zu Beer-digungen noch zu Taufen. Die in einer Urkunde vom 25.

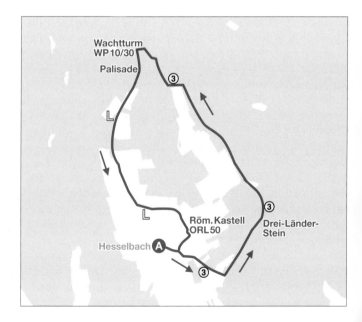

Oktober 1446 vom Kloster Amorbach gemachten Zusicherungen, dass in Hesselbach jeden Sonntag und zweimal in der Woche eine Heilige Messe zu feiern und alle kirchlichen Dinge zu besorgen seien, wurde nicht mehr eingehalten. Daher baten 1763 die Schultheißen von Hesselbach den Abt von Amorbach, in Hesselbach eine neue Kirche zu bauen und einen Mönch als Pfarrer einzusetzen. 1765 entsprach Abt Hyazinth Breuer diesem Wunsch. Die kleine Kapelle wurde abgerissen, die Quelle etwas unterhalb des Kirchenneubaues neu gefasst, und schon 1766 konnte die im Bauernbarock neu errichtete Pfarrkirche *St. Luzia und Odilia* eingeweiht werden. Auch für die Inneneinrichtung hatte das Kloster gesorgt. Da in Amorbach wenige Jahre zuvor eine neue Klosterkirche gebaut worden war, fanden viele Einrichtungsgegenstände, die dort nicht mehr gebraucht wurden, in der Hesselbacher Kirche einen neuen Platz. Die eindrucksvollsten Geschenke waren ein riesiger Hochaltar und die Figurengruppe vom Tode des Hl. Joseph. Dieser Hochaltar war in den Jahren von 1692 bis 1695 von Franz Nagen in Miltenberg aus dunklem Holz geschnitzt worden. Eine weitere Kostbarkeit ist die im rechten Seitenaltar stehende „Schwarze Madonna des Odenwaldes", deren Alter auf über 600 Jahre geschätzt wird und die ursprünglich in der Schöllenbacher Kirche stand. Nach Einführung der Reformation durch die Grafen von Erbach auf ihrem Territorium verschwand diese Heiligenfigur auf dem Dachboden und wurde dann an die Hesselbacher verkauft. Schmuckstück ist jedoch das Hesselbacher Kreuz. Das Original befindet sich heute im Hessischen Landesmuseum in Darmstadt. Das über dem Opferaltar von der Decke herabhängende Kreuz ist eine kostbare Nachbildung. Das Originalkreuz entstand bereits im späten 11. Jahrhundert im Umkreis des Rogier von Helmarshausen (Nordhessen), eines Mönches und bedeutenden Goldschmieds, der die romanische Kunst in dieser Gegend wesentlich beeinflusste. Auf der Vorderseite zeigt es den gekreuzigten Christus und auf der Rückseite die Symbole der vier Evangelisten, das Lamm und eine Frauengestalt. Wie und wann das ehemalige Vortragekreuz nach Hesselbach kam, ist nicht bekannt. Man erzählt, dass es in einem Grab gefunden worden sein soll, wo man es zur Zeit der Reformation und des nachfolgenden Dreißigjährigen Krieges versteckt hatte.

Wir beginnen unsere Wanderung in Hesselbach auf dem Parkplatz in der Dorfmitte unterhalb der Kirche. Von dort folgen wir dem Rundweg ③ die Straße aufwärts. Der Weg führt an dem neuen Friedhof vorbei, der für den bis 1885 genutzten Kirchenfriedhof angelegt wurde. Am Waldrand biegt unser Wanderweg links ab und führt zum Drei-Länder-Stein.

Ein mannshoher Grenzstein markiert die Stelle, an der die Großherzogtümer Hessen und Baden mit dem Königreich Bayern zusammenstießen. Auf dem Stein sehen wir die Buchstaben GH und GB für Großherzogtum Hessen und Großherzogtum Baden sowie KB für das Königreich Bayern. Die Jahreszahl auf dem Stein lautet 1837. Heute ist dieser historische Grenzstein Grenzpunkt der Bundesländer Baden-Württemberg, Bayern und Hessen. Von Zeit zu Zeit treffen sich an diesem Stein die Landräte der benachbarten Landkreise, um unbürokratische, länderübergreifende Zusammenarbeit zu geloben.

Vom Drei-Länder-Stein folgen wir dem Rundweg ③ entlang der hessisch-bayerischen Grenze zur Wachturmstelle WP 10/30 „Vogelbaumhecke". 1978 hatte es sich der Rotary-Club Erbach/Michelstadt in enger Zusammenarbeit mit dem Landesamt für Denkmalpflege in Darmstadt zur Aufgabe gemacht, die spärlichen Überreste zweier Wachtürme in der Gemarkung *Vogelbaumhecke* nordöstlich von Hesselbach zu restaurieren. Bei den Untersuchungen der Reichslimeskommission im Jahre 1909 wurden noch 5 bis 7 Steinlagen aufgehenden Mauerwerks bezeugt. Die Maße

Wachturmstelle WP 10/30 „Vogelbaumhecke"

Wanderungen am Odenwaldlimes

betrugen 4,80 x 4,80 m. 1979, zu Beginn der Arbeiten, war die Anlage jedoch völlig mit Gestrüpp und Gras überwuchert und erneuerungsbedürftig. In mehrjähriger, mühevoller Freizeitbeschäftigung haben Mitglieder des Rotary-Clubs die Umgebung gesäubert und hunderte von Originalsteinen freigelegt. Mit ihnen konnte der Wachturm bis auf eine Höhe von 3,80 m hochgezogen werden. Bei den Säuberungsarbeiten wurden auch Stücke einer Inschrifttafel gefunden, die zu früheren Fundstücken passten. Die davon angefertigte Kopie wurde an der Ostseite des Turmes angebracht. Die Originalstücke befinden sich in der Sammlung der Stadt Amorbach.

6

Auch der Standort des Holzturmes wurde freigelegt und der Turmunterbau restauriert. Grundriss war ein trocken gesetztes Mauerviereck, das an den Ecken Aussparungen hatte, in denen mächtige Eckpfosten von 30x30 cm saßen. Im Mauerwerk befanden sich Schlitze, in denen über Kreuz liegende Balken eingefügt waren. Die Zwischenräume waren mit Steinen, Erde und Lehm ausgefüllt. Ebenso konnte der von der Reichslimeskommission nachgewiesene Palisadengraben gefunden werden. Er lag 30 Meter vor dem Holzturm. In den Verkeilsteinen fanden sich noch Holzfaserreste der Palisaden. Auch der Graben wurde vom Rotary-Club freigelegt und ein neuer Palisadenzaun errichtet. Insgesamt 50 zugespitzte, 3 m hohe Eichenpfähle wurden 70 cm tief in den Boden getrieben. Schließlich wurde der Patrouillenweg zwischen Palisadenzaun und Wachturm freigelegt. Die gesamte Anlage mit Wachtürmen, Patrouillenweg und Palisade veranschaulicht auf eindrucksvolle Weise das Aussehen der römischen Grenzbefestigungen.

Vom Wachturm folgen wir nun dem Limes-Wanderweg zurück nach Hesselbach. Gleich am Ortseingang befand sich ein Numeruskastell. Die Umwehrung zeichnet sich als Erddamm noch deutlich im Wiesengelände ab. Zwischen 1963 und 1965 wurden umfangreiche Grabungen vorgenommen, die einen lückenlosen Aufschluss über die Innenbauten und die Umwehrung gaben. Das Kastell war 80 x 73 m groß und hatte drei mit Türmen versehene Toranlagen, von denen das Haupttor nach Nordosten gerichtet war. An der Rückfront befand sich eine kleine Schlupfpforte. Bei der Umwehrung konnten drei Bauphasen festgestellt werden. Die erste Bauphase wurde auf das Jahr 100 n. Chr. mit der Errichtung des Kastells datiert. Kastelltürme und Umwehrung waren aus Holz. Der Erdaushub des Grabens wurde hinter der Mauer zu einem Wall aufgeschüttet und als Wehrgang genutzt. In der zweiten Bauphase, um

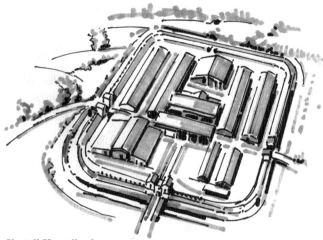

Kastell Hesselbach

120 n. Chr., erhielt der Erdwall eine Verblendung aus Stein und im Innern des Kastells wurde der Wall durch zwei voneinander abgesetzten Steinmauern gestützt. Der letzte Ausbau erfolgte um 145 etwa zeitgleich mit dem Bau der steinernen Wachtürme. Die gesamte Umwehrung wurde aus Stein gebaut, und vor der 3 bis 5 m hohen Zinnenmauer lag ein Verteidigungsgraben, der bis zu 1,5 m tief war und als Annäherungshindernis diente. Auch der Wall im Innern wurde erhöht und die Stützmauer verstärkt.

Bei den Innenbauten konnten ebenfalls verschiedene Bauperioden festgestellt werden, ohne dass sich jedoch Grundriss und Anordnung der Fachwerkbauten wesentlich änderten. Im Zentrum des Kastells befand sich die *principia*. Ein solches Stabsgebäude konnte in Hesselbach erstmals für ein Numeruskastell am Odenwaldlimes nachgewiesen werden. Damit wurde sichergestellt, dass auch das Numeruskastell eine eigenständige Einheit mit eigener Verwaltung und Rangordnung war. Der mittlere Raum der *principia* war das *sacellum*, das Fahnenheiligtum. Dahinter befanden sich die Schreibstuben und die Waffenkammer. Vor dem sacellum lag eine große Halle mit einem Brunnen, davor ein Innenhof mit einer sich

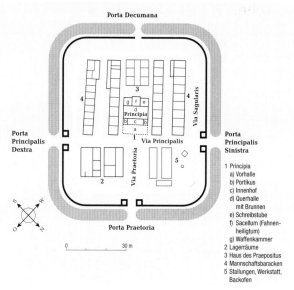

1 Principia
  a) Vorhalle
  b) Portikus
  c) Innenhof
  d) Querhalle
    mit Brunnen
  e) Schreibstube
  f) Sacellum (Fahnen-
    heiligtum)
  g) Waffenkammer
2 Lagerräume
3 Haus des Praepositus
4 Mannschaftsbaracken
5 Stallungen, Werkstatt,
  Backofen

Grundriss: Kastell Hesselbach

anschließenden Vorhalle. Von hier führte die *via praetoria* zum Haupttor, der *porta praetoria*, und die quer verlaufende *via principalis* zu den beiden Seitentoren. Hinter der *principia* stand das Haus des *praepositus*, des Kastellkommandanten. Rechts und links davon waren die Mannschaftsunterkünfte. Es handelte sich dabei um schmale Holzbaracken, die in Räume von etwa 20 qm unterteilt und mit je 8 Söldnern belegt waren. Im Innern der Baracke befand sich eine Herdstelle, auf der sich die Söldner ihr Essen selbst zubereiten mussten. Diese Herdstelle diente im Winter gleichzeitig als Heizung. Lediglich zum Backen von Brot bediente man sich eines gemeinsamen Backofens. Aufgrund der Größe der Mannschaftsbaracken wird eine Besatzung von 140 Mann angenommen. Im vorderen Teil des Kastells, rechts und links der *via praetoria*, war ein freier Platz, der Appellplatz. Seitlich davon befanden sich die Stallungen und Lagerräume. Rings um die Innengebäude, entlang des Wallfußes, verlief die *via sagularis*.

In der Nähe der Kastelle entstanden kleine Lagerdörfer, in denen sich Handwerker, Händler, Wirtsleute und Angehörige der im Kastell lebenden Soldaten niederließen.

Zwischen Hesselbach und Seitzenbuche

Charakteristik:	*Reizvolle Landschaft und besondere historische Sehenswürdigkeiten*
Beste Wanderzeit:	*April – Oktober*
Ausgangspunkt:	ℙ *Hesselbach, Ortsmitte*
Wanderkarte:	*TF 20-10 „Beerfelder Land"*
Markierungen:	△ – SL 5 – L

Ort	km	Zeit	Höhe	Informationen
Hesselbach	0,0	0:00	480	🅗 ✆ (06068) 930320
Waldleiningen	2,8	0:45	350	ehem. Fürstl. Jagdschloss
Seitzenbuche	3,5	1:15	460	Kleinkastell
Zwing	2,0	0:40	491	Kleinkastell
Hesselbach	2,3	0:50	480	🔄
Gesamtstrecke	10,6	3:30		Schwierigkeit: mittel

Wir beginnen die Wanderung in der Dorfmitte unterhalb der Kirche und folgen von dort der OWK-Markierung △ die Straße aufwärts am neuen Friedhof vorbei. Der anfangs breite und feste Wanderweg verengt sich im Wald zu einem schmalen Pfad. Auf dem Bergkamm überschreiten wir die

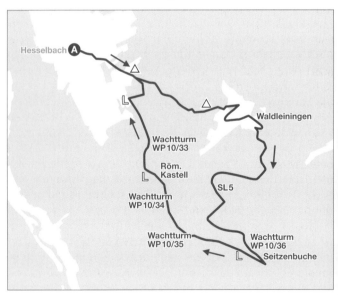

Wanderungen am Odenwaldlimes

Landesgrenze von Hessen nach Baden-Württemberg. Die dort stehenden Grenzsteine zeigen auf der Hesselbacher Seite den hessischen Löwen und die Buchstaben GH für Großherzogtum Hessen und auf der gegenüberliegenden Seite das Wappen des Großherzogtums Baden mit den Buchstaben GB.

Auf der badischen Seite führt der Pfad meist durch jungen Waldbestand zunehmend steiler hinab ins Waldleininger Tal. Tritt man dort aus dem Wald und sieht Schloss Waldleiningen inmitten einer Parkanlage vor sich liegen, so erscheint einem dieses Bild unwirklich und man glaubt sich nach England versetzt.

Das Fürstentum Leiningen hatte durch den Frieden von Lunéville im Jahre 1801 seine linksrheinischen Besitzungen an Frankreich verloren. Als Entschädigung erhielt es durch den Reichsdeputationshauptschluss von 1803 ein neues und größeres Territorium zwischen Main und Neckar, das vorher dem Kloster Amorbach, dem Bistum Würzburg und Kurmainz gehört hatte. Residenz des neuen Fürstentums, dessen Souveränitätsrechte 1806 auf die Großherzogtümer Hessen und Baden sowie auf das Königreich Bayern übergingen, war zunächst Miltenberg, später Amorbach.

Kurz nach Übernahme der Herrschaft ließ Fürst Emich Karl 1808 einen weitläufigen Park im Stil eines Englischen Gartens anlegen und dort ein bewohnbares Jagdhaus in Form einer künstlichen Ruine errichten. Nach seinem Tod im Jahre 1814 wurde dieses Jagdhaus nicht mehr benutzt. Sein Sohn, Fürst Karl, ließ 1828 das Jagdhaus abreißen und an seiner Stelle in mehreren Bauabschnitten die heutige Schlossanlage bauen. Seine Mutter, die nach dem Tode des Fürsten Emich Karl in zweiter Ehe den Herzog von Kent geheiratet hatte, besuchte des öfteren ihren Sohn und hielt sich mit Vorliebe in Waldleiningen auf. So beeinflusste die Verwandtschaft mit dem englischen Königshaus den Baustil der neuen Sommerresidenz, und Schloss Waldleiningen wurde eine kleine Nachbildung des Schlosses Windsor in England.

Das im englisch-neugotischen Stil errichtete Bauwerk ist stark gegliedert, besitzt mehrere kleine Türme und einen größeren viereckigen Turm, der an einen Bergfried erinnern soll. Heute ist nur noch das Äußere des Schlosses im Originalzustand. Das Innere wurde, abgesehen von der

Schloss Waldleiningen

Schlosskapelle, völlig umgestaltet. Im Zeiten Weltkrieg wurde in Waldleiningen ein Lazarett eingerichtet, danach diente es als Klinik.

Im Park stoßen wir auf den örtlichen Rundweg **SL 5** und folgen ihm nach rechts hinauf zum Schloss. Der Weg verläuft um das Schloss herum und führt auf seiner Rückseite, leicht ansteigend, in den Wald und windet sich dort den Berghang aufwärts zum Kleinkastell „Seitzenbuche".

Dieses Kleinkastell hatte die Aufgabe, den vom Itterbachtal heraufkommenden Passweg ins Gabelbachtal zu kontrollieren. Es lag südöstlich der Straßenkreuzung zwischen der heutigen L 585 nach Schloßau und der L 2311 nach Kailbach. Bereits bei den Ausgrabungen durch die Reichslimeskommission konnten nur noch Spuren festgestellt werden. Sie ergaben eine quadratische Anlage von 20 x 20 m, was auf eine Besatzung von etwa 40 Mann schließen lässt. Gefunden wurde die Schwelle eines 2,30 m breiten Tores. Sichtbare Reste dieser Anlage sind heute nicht mehr vorhanden.

Der Name der Straßenkreuzung erinnert an den Förster Seitz aus dem Ittertal, der in Diensten des Abtes von Amorbach stand, dem die Wälder ringsum gehörten und der von Wilderern an eine Buche gefesselt und getötet wurde (siehe „Wanderungen im Beerfelder Land", Seite 79).

Von der „Seitzenbuche" folgen wir dem Limes-Wanderweg in nördlicher Richtung bis nach Hesselbach. In diesem Abschnitt sind alle ehemaligen Wachturmstellen sichtbar konserviert. Auch die älteren Holzturmstellen sind alle zu erkennen. Dieser Abschnitt ist somit einer der interessantesten am gesamten Odenwaldlimes.

Die erste Wachturmstelle, an der wir vorbeikommen, ist der Posten WP 10/36 „Am Fischerspfad". Der quadratische Steinturm hat eine Seitenlänge von 5,75 m bei einer Mauerstärke von 0,80 m. Er wurde erstmals vom Leiningischen Forstmeister Arnoldi ausgegraben und 1896 von der Reichslimeskommission nochmals untersucht, vermessen und konserviert. Die nächste Turmstelle ist nach der Überquerung der Straße nach Hesselbach der Wachturm WP 10/35 „Im Klosterwald" mit zwei unberührten Holzturmhügeln, die von Gräben umgeben sind, und einem gut konservierten Steinturm. Er wurde 1896 von der Reichlimeskommission ausgegraben und 1974 konserviert. Seine Seitenlänge beträgt 5,25 m, die Mauerstärke 0,90 m. Bei den Ausgrabungen wurden u.a. eine rechteckige Inschriftenplatte gefunden, die besagt, dass der Steinturm 146 n.Chr. von den Brittones Triputienses errichtet worden war. Diese Inschriftentafel entspricht denen vom WP 10/33 „Kahler Buckel" und WP 10/30 „In den Vogelbaumhecken". Sie befindet sich heute im Römermuseum in Osterburken.

Nur etwa 400 m weiter befindet sich an der höchsten Stelle des Odenwaldlimes die Wachturmstelle WP 10/34 „Im hohen Wald". Von hier hatte man zur römischen Zeit sicherlich einen Blickkontakt zu den benachbarten Kastellen Hesselbach und Schloßau sowie einen weiten Blick ins Itterbach- und ins Gabelbachtal. Diese Turmstelle war aufgrund seiner exponierten Lage sicherlich von besonderer Bedeutung. Von ihm konnten in einem weiten Umfeld Täler und Wege überwacht werden. Während die Holzturmstelle durch den nahen Steinbruch größtenteils zerstört ist, wurde das Steinturmfundament konserviert. Graf Franz I. von Erbach-Erbach hatte auch diesen Turm untersuchen und Steine in seinen Park nach Eulbach abtransportieren lassen. In einem dort rekonstruierten Wachturm ist ein auf dem Kopf stehender Inschriftstein mit den Buchstaben **CHO I**, eingemauert. Dieser Inschriftstein verweist auf die „Cohors I Sequanorum et Rauracorum equitata", stationiert im Kastell Oberscheidental, die diesen Wachposten errichtet hatte.

Restaurierte Limesmauer

Von der Bergkuppe fällt der Weg auf steinigem Untergrund steil nach Norden ab. Kurz darauf kommen wir an eine Steinmauer. Es handelt sich um ein restauriertes Teilstück einer ehemals 120 m langen Limesmauer. Bereits Graf Franz I. von Erbach-Erbach berichtete über zahlreiche bearbeitete Steinquader, ohne jedoch eine Erklärung für sie zu finden. Untersuchungen der Reichslimeskommission in den Jahren 1924 und 1979 konnten dann nachweisen, dass in diesem felsigen Teilstück die übliche Palisade durch eine Steinmauer ersetzt worden war. Den Legionären war es scheinbar zu mühsam gewesen, einen Graben auszuheben, und sie ersetzten den Palisadenzaun durch eine etwa gleich hohe Steinmauer. Den Abschluss bildeten halbwalzenförmige Zinnensteine.

Von der Limesmauer führt der Weg weiter bergab zur Straße. Dort sehen wir auf der linken Seite eines Holzablageplatzes ein rekontruiertes römisches Mauerstück mit der Kopie einer reliefverzierten Sandsteinplatte, die einen römischen Soldaten neben einem großen Kranz zeigt. Im Innern des Kranzes hat sich wohl eine aufgemalte Bauinschrift befunden, die im Laufe der Jahrhunderte verblasst ist. Diese Mauer erinnert an das Kleinkastell „Zwing" bzw. „Jägerwiese". Es hatte die Aufgabe, den vom Itterbachtal über die Höllklinge heraufführenden Passweg in das Waldleininger Tal zu kontrollieren. Aus den Aufzeichnungen von Graf Franz I. wissen wir, dass Anfang des 19. Jahrhunderts

Rekonstruiertes Mauerstück vom Kleinkastell Zwing

noch Ruinenreste vorhanden waren. Er berichtete über gemauerte Wehrgräben und Fundamente einer Toranlage und beklagte deren starke Zerstörungen. Letztere müssen dann noch weiter fortgeschritten sein, denn 1895 konnte die Reichlimeskommission nur noch kümmerliche Reste auffinden. Dennoch konnte die Kastellgröße von 20 x 20 m ermittelt werden, was auf eine Besatzung von etwa 40 Mann schließen lässt.

Wir laufen nun ein Stück an der Straße entlang in Richtung Hesselbach und biegen dann in den ersten Waldweg rechts ein. Der Weg ist leicht ansteigend. Nach etwa 5 Minuten zeigt uns ein Hinweisschild den Weg zum Wachturm WP 10/33 „Kahler Buckel". Nahe der badisch-hessischen Grenze befinden sich die Reste von zwei Holz- und einem Steinturmhügel. Als der Steinturm 1889 untersucht wurde, hatte er noch 6 Steinlagen. Im Schutt der Ruine fand man die besterhaltene Bauinschrift des *Numerus Brittonum Triputiensium*. Aus dieser Inschriftplatte geht hervor, dass der Steinturm 146 n. Chr. von britischen Söldnern erbaut wurde. Das Original befindet sich im Landesmuseum von Karlsruhe, und an der teilweise restaurierten Turmstelle wurde eine Kopie angebracht. Während der Steinturm noch ganz auf badischem Gebiet liegt, befinden sich die beiden Holztürme direkt auf der Grenze. Der hier sichtbare Wall mit einem beidseitigem Graben ist jedoch nicht römischen Ursprungs, sondern eine mittelalterliche Grenzbefesti-

Römische Inschrifttafel

gung, die als „Heerhag" oder „Alte Landwehr" bezeichnet wird. Hier grenzte das Territotium der Schenken und späteren Grafen von Erbach an Amorbacher Klostergebiet, das später Kurmainz gehörte. Um die Grenze sichtbar und zugleich unpassierbar zu machen, wurde ein Wall errichtet und zu beiden Seiten ein undurchdringlicher Streifen aus Niederholz und Dornen angelegt. Diese natürliche Grenzbefestigung wurde bis ins 19. Jahrhundert unterhalten.

Von der Turmstelle gehen wir zurück auf unseren Limes-Wanderweg und folgen ihm nach Hesselbach.

Kastell und Vicus Schloßau

Charakteristik:	*Informative Wanderung*			
	in reizvoller Landschaft			
Beste Wanderzeit:	*Ganzjährig*			
Ausgangspunkt:	*Schloßau*			
Wanderkarte:	*TF 20-19 „Östlicher Odenwald –*			
	Madonnenländchen"			
Markierungen:	*o. Mark. – L – SL 4*			

Ort	km	Zeit	Höhe	Informationen
Schloßau	0,0	0:00	534	ⓘ ✆ (06284) 7827
WP 10/37	2,8	0:50	500	In der Schneidershecke
WP 10/38	3,9	1:10	540	Am Rotkreuz
Schloßau	2,0	0:30	534	🚻
Gesamtstrecke	8,7	2:30		Schwierigkeit: leicht

8

Der Odenwaldlimes von Wörth über Vielbrunn und Hesselbach führte über einen Höhenrücken und war dem Gelände angepasst. Bei Schloßau machte der Limes einen Knick und zog über Oberscheidental und Neckarburken kerzengerade nach Süden an den Neckar.

Das im Knick gelegene Numeruskastell Schloßau ist heute nur noch als leichte Erhöhung in einer Streuobstwiese erkennbar. Erbaut als Holz-Erde-Anlage um 100 n.

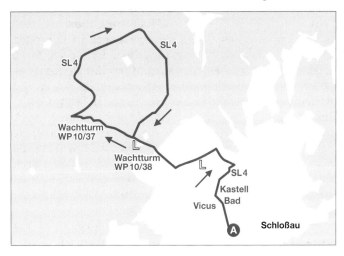

Chr. und unter Antoninus Pius zu einem Steinkastell ausgebaut, darf es direkt mit Hesselbach verglichen werden.

In der Vergangenheit müssen noch ansehnliche Ruinenreste vorhanden gewesen sein, da sie als „Schloss" bezeichnet wurden und Schloßau ihnen seinen Namen verdankt. 1271 hieß der Ort „slozzahe", 1413 „Shloßauwe". In der Folgezeit aber müssen sich die Bauern der frei herumliegenden Steine zum Bau ihrer Häuser und Ställe bedient haben, denn bei den ersten Untersuchungen am Kastell zu Beginn des 19. Jahrhunderts fand man nur noch geringe Überreste. 1850 wurde ein Weihealtar gefunden, den der Legionscenturio Titus Manius Magnus aus Kleinasien gestiftet hatte. 1863 unternahm der Altertumsverein Buchen Ausgrabungen an der Südwestecke des Kastells sowie an dem südöstlich vom Kastell gelegenen Bad. 1884 fand der leiningische Oberförster Langer am heutigen Römerweg behauene Quadersteine. Die daraufhin von Wilhelm Conrady und Ernst Wagner durchgeführten Ausgrabungen bezogen sich auf die gesamte Umfassungsmauer einschließlich der Tore und der Innenbauten. Die sich daran anschließenden Untersuchungen der Reichslimeskommission im Oktober 1897 beschränkten sich daher auf Ergänzungsgrabungen.

Bei den Ausgrabungen wurde festgestellt, dass die Mauern fast vollständig abgetragen waren. Dennoch konnte der Grundriss festgestellt und vermessen werden. Er besaß die übliche Rechteckform der Odenwaldkastelle mit abgerundeten Ecken. Die Seitenlänge der Umwehrung betrug etwa 80 x 73 m, die Mauerstärke zwischen 0,90 und 1,20 Meter. Das Kastell war von einem 5-6 m breiten und etwa 1,5 m tiefen Graben umgeben, der vor den Toren unterbrochen war. Der innere, rund um die Umfassungsmauer verlaufende Erdwall, hatte eine Breite von ca. 4,5 m. Ecktürme waren keine vorhanden. Zum Zeitpunkt der Untersuchungen waren Wall und Graben schon so stark eingeebnet, dass sie nur noch als geringe Erhöhung im Gelände zu erkennen waren. Von den Tortürmen war die *porta praetoria* am besten erhalten. Von ihr fand man noch die Torschwelle, die auf eine Torbreite von 3,75 m verwies. Von den Innenbauten konnten die Reste des Stabsgebäudes aufgedeckt und vermessen werden.

Das Bad lag etwa 60 m südöstlich vom Kastell und wurde 1863 von dem Buchener Altertumsverein vollständig freigelegt. Es war noch ausgezeichnet erhalten und entsprach in seinem Aufbau und seiner Einteilung exakt dem Römerbad von Würzberg. Um es dauerhaft zu konservieren und für künftige Generationen als Forschungsobjekt zu erhalten, ist es nach den Untersuchungen vollständig zugeschüttet worden, so dass heute im Gelände nichts mehr zu sehen ist.

Als 2002 die Gemeinde Mudau im „Burggewann" südlich und westlich des Kastells ein Neubaugebiet auswies, begann 2003 die Archäologische Denkmalpflege Karlsruhe unter der Leitung von Frau Dr. Britta Rabold Ausgrabungen durchzuführen, um mögliche Bodenfunde zu sichern. Dabei stieß man auf ein ausgedehntes römisches Lagerdorf.

Nach dem Bau eines Kastells mit Ausfallstraße und Bad entstanden in der Regel Lagerdörfer unterschiedlicher Größe. Hier wohnten Zivilisten und ehemalige Legionäre, die sich nach ihrer Entlassung als Bauern, Handwerker oder Händler ihren Unterhalt verdienten sowie Angehörige der Soldaten. Die regelmäßigen Soldzahlungen an die Legionäre bildeten die wirtschaftliche Grundlage für Handel und Dienstleistungen. In den Werkstätten im Lagerdorf konnten die notwendigen Gebrauchsgegenstände und Waffen der Truppe hergestellt und repariert werden. Bei Grabungen stieß man ebenfalls auf einen Töpfereibezirk sowie einen Bezirk, wo Ziegel hergestellt wurden. Insgesamt konnten 5 Öfen freigelegt werden. In einer Feuerungskammer waren noch über 20 vollständige Töpfe mit mehr oder weniger starken Dellen und Brandflecken. Vermutlich aufgrund zu hoher Temperaturen ist der Ofen zersprungen und hat den noch weichen Ton der Gefäße eingedrückt. Da Ofen und Gefäße nicht mehr zu gebrauchen waren, hat man sie aufgegeben, wodurch diese bis in die heutige Zeit unverändert überlebten. Da die für die Töpferei notwendigen Grundprodukte Lehm und Wasser reichlich vorhanden waren, kann man davon ausgehen, dass hier ein Gewerbe entstand, das auch die benachbarten Kastelle und Gutshöfe belieferte. Des Weiteren konnte ein Ziegelbrennofen von mehr als 19 m Länge freigelegt werden, in dem etwa 20 gestempelte Ziegel gefunden wurden. Sie verweisen auf einen Bautrupp der XXII. Legion aus Mainz. Auch konnte aufgrund großer Mengen von Schlacken eine Schmiede nachgewiesen werden.

Brennofen

Während Schmiedeessen und Ziegelbrennöfen zeitlich gesehen schon zum Baubeginn eines Kastells gehörten, da sie notwendige Baumaterialien lieferten, wurden die Töpferöfen sicherlich auch nach Abzug der Legionäre an den obergermanisch-raetischen Limes um 155 n. Chr. weiter betrieben und bildeten zuweilen die wirtschaftliche Grundlage für eine zivile Besiedlung nach Abzug der Römer.

Votivstein der Fortuna geweiht

Als sensationell wurde die Entdeckung einer römischen Straße bezeichnet, die vom Kastell in südliche Richtung nach Oberscheidental mitten durch das Lagerdorf führte. Die Straße war mit Sandsteinen gepflastert und hatte eine Breite von 6 m. An den Seiten befanden sich gepflasterte Banquetten von nochmals je 6 m Breite für Marktstände sowie ein Graben zur Abwässerung. Durch die Erschließung des Neubaugebietes war jedoch ein Großteil der Straße zerstört. Ferner fand man südlich vom vicus ein Gräberfeld. Schon lange vor den Grabungen hatte es Funde gegeben, die darauf hinwiesen. So fand man bereits 1848 den oberen Teil eines Grabsteines mit der Reliefdarstellung eines „Totenmahls". Dieses Relief befindet sich heute im Römermuseum von Osterburken. Während im allgemeinen die Toten verbrannt wurden, ließen sich einige reiche Römer ein Grabmal anfertigen, um der Nachwelt in Erinnerung zu bleiben.

Ein weiterer Fund aus Schloßau steht im Eulbacher Park. Es ist ein Votivstein der Fortuna und stand wahrscheinlich ursprünglich in der Vorhalle des Kastellbades. Die Inschrift lautet: „Der Furtuna geweiht haben die Brittonen Triputienses, die dem Titus Manius, dem Sohn des Titus Pollia Magnus aus Senope, dem Centurio der XXII. Legion, der zuverlässigen und ergebenen, unterstehen, diesen Stein aufgestellt."

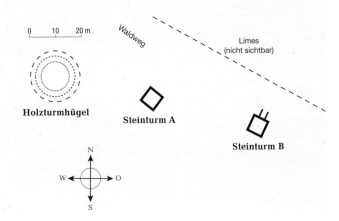

Lageplan WP 10/37 „In der Schneidershecke"

Leider sind die Ausgrabungen des Lagerdorfes nach einer detaillierten Dokumentation wieder zugeschüttet worden, sodass auch hier keine sichtbaren Spuren mehr vorhanden sind. Dürftige Rekonstruktionen findet man lediglich bei der Grundschule, wo ein Streifenhaus des Lagerdorfes sowie ein Brennofen aufgestellt wurden.

Ausgangspunkt unserer Wanderung in Schloßau ist der Römerweg etwa in der Ortsmitte im Kreuzungsbereich der Straßen nach Hesselbach, Mudau und Waldauerbach. Der Römerweg bringt uns an den Standort des ehemaligen Kastells. Hier biegen wir halbrechts ab und kommen zum Limes-Wanderweg, dem wir nach links zum Wachturm WP 10/37 „In der Schneidershecke" folgen. Es ist dies der einzige Wachtposten am Odenwaldlimes mit 2 Steinturmfundamenten. Über den Grund dieser Besonderheit ist noch keine endgültige Klärung erreicht. Sie befinden sich neben einem Holzturmhügel, der als flache Hügelkuppe westlich vom Steinturm A im Gelände noch zu erkennen ist. Der ihn umgebende Ringgraben hat einen Durchmesser von 20 m. Die beiden südöstlich gelegenen Steintürme A und B (siehe Skizze) sind von der Denkmalpflege gut konserviert. Der Steinturm A hat eine Seitenlänge von 6 x 6 m und eine Höhe bis zu 1,35 m. Er entspricht den üblichen Steinturmbauten am Odenwald-Limes, so wie sie um 145/46 unter Kaiser Antoninus Pius errichtet wurden. Der zweite, mit 6,60 m Seitenlänge geringfügig größere

Steinturm A

Steinturm aber zeigt einige Besonderheiten. Bei ihm handelt es sich nicht um einen Wachturm, sondern um ein sacellum, ein Heiligtum. In der nachträglich an der Nordseite angebauten Treppe befand sich ein Altarstein für Jupiter mit nachfolgender Inschrift: „Dem größten und besten Jupiter weiht das Baukommando der berittenen 1. Sequaner- und Raurikerkohorte, das unter der Aufsicht des Centurio Antonius Natalis von der 22. Legion Primigenia Pia Fidelis steht, diesen Stein, weil der Turm fertiggestellt ist. Sie löst ihr Gelübde gern, freudig und nach Gebühr ein."

Auch dieser Weihestein befindet sich heute im Römermuseum in Osterburken. Eine Nachbildung steht neben der Turmstelle A, auf die sich die Inschrift bezieht.

Die Treppe am Steinturm B führte ins Turminnere, wo man im Bauschutt drei Skulpturen aus rotem Sandstein fand, deren Köpfe fehlten und die sich heute ebenfalls im Römermuseum in Osterburken befinden. Es handelte sich um den römischen Kriegsgott Mars, die Siegesgöttin Victoria und die für die Gesundheit und das Wohlbefinden zuständige Göttin Salus. Diese Skulpturen sind ein Zeugnis der hervorragenden römischen Provinzialkunst aus Obergermanien. Ein kleines Detail an der Marsdarstellung gibt auch Auskunft über die Entstehungszeit dieser Skulpturen. Der Riemenhalter des Schwertes an der Marsskulptur ist so gestaltet, wie es erst in der Zeit nach 180 n. Chr. üblich war. Um diese Zeit aber war der Limes schon weiter

8 WP 10/37 „In der Schneidershecke"

östlich auf die neue Grenzlinie vorverlegt worden. Daraus kann man schließen, dass das Heiligtum erst nach Abzug der Truppen von den zurückgebliebenen Bewohnern des Lagerdorfes errichtet wurde, wozu auch Baumaterial des nicht mehr benötigten Wachturmes Verwendung fand. So wird verständlich, wieso der Weihestein für den Wachturm in die Treppe zum Heiligtum eingemauert wurde. Völlig unklar aber ist die Frage nach dem Grund der Errichtung eines solchen Heiligtums.

Sein Innenraum war weiß verputzt und mit gelben und roten Streifen ausgemalt. Die drei Götterstatuen waren in einer 3 m breiten überwölbten Nische aufgestellt. Das Dach war im Gegensatz zu den Wachtürmen mit Ziegeln gedeckt, die die Stempel der Legio VIII Augusta aus Straßburg und der XXIV Voluntarier Kohorte aus Oberscheidental trugen. Auch die Herkunft der drei Statuen verweist auf das Kohortenkastell Oberscheidental. Ein Bruchstück des Schildes der Victoria-Statue ist nämlich dort gefunden worden. Vielleicht standen die drei Skulpturen ursprünglich im Kastell Oberscheidental, evtl. in einem dortigen Heiligtum, und sind nach Abzug der Truppen und nach Aufgabe des Kastells von den Bewohnern des Lagerdorfes Schloßau in das neu errichtete Heiligtum „In der Schneidershecke" gebracht worden. Vielleicht waren sogar die im Kastell Oberscheidental zurückgelassenen Götterstatuen Anlass zum Bau eines Heiligtums.

Skulpturen aus dem Heiligtum „Schneidershecke"

Von der Schneidershecke folgen wir dem Limes-Wanderweg zur L 585 Schloßau – Seitzenbuche. Kurz vor der Straße verlassen wir die OWK-Markierung und folgen dem
örtlichen Rundweg **SL 4** nach rechts. Dieser bequem zu
laufende Hangweg führt in einem großen Bogen durch
den „Fuchsenwald" zurück zum Limes-Wanderweg und
nach Schloßau. Am Waldrand, etwa 300 m rechts vom Weg,
befand sich die Turmstelle WP 10/38 „Am Rotkreuz". Sie
teilte das Schicksal vieler weiterer Turmstellen in südlicher
Richtung. Während in den unzugänglichen Waldgebieten
die Turmstellen auf natürliche Weise durch Bewuchs und
Überwucherungen geschützt wurden, wurden die Turmstellen auf der landwirtschaftlich genutzten freien Hochfläche völlig ausgebrochen, das Steinmaterial zum Bau
von Häusern und Stallungen genutzt und Wall und Graben eingeebnet, sodass heute von der einstigen Anlage
nichts mehr vorhanden und zu sehen ist.

Kastell Oberscheidental

Charakteristik: *Ausgedehnte Wanderung*
Beste Wanderzeit: *März – November*
Ausgangspunkt: *Oberscheidental*
Wanderkarte: *TF 20-19 „Östlicher Odenwald –*
                    Madonnenländchen"
Markierungen: *L – V – Wa 4 – Wa 1 – RG 1 – OS 1*

Ort	km	Zeit	Höhe	Informationen
Oberscheidental	0,0	0:00	515	🏠 ✆ (06284) 7827
WP 10/44	2,7	0:45	530	Wachturm
Hönehaus	3,1	1:00	455	Kleinkastell
Robern	2,0	0:40	400	🚌
Wagenschwend	2,5	0:45	500	🚌
Reisenbacher Grund	2,8	0:50	480	
Oberscheidental	2,3	0:45	515	Kastell, 🚌
Gesamtstrecke	15,4	4:45		Schwierigkeit: Ausdauer

Im südlichen Abschnitt des Odenwaldlimes von Schloßau bis an den Neckar bei Bad Wimpfen liegen die beiden Kohortenkastelle Oberscheidental und Neckarburken. Während die Kastelle ausgegraben und teilweise rekonstruiert wurden, ist von den meisten der an dieser Strecke liegenden Turmstellen nichts mehr zu sehen. Durch landwirtschaftliche Nutzung des Geländes sind die meisten von ihnen zerstört und abgetragen worden. Dennoch konnten sie durch die Reichslimeskommission lokalisiert werden. So machte z. B. westlich der Straße Schloßau – Oberscheidental eine Luftbildaufnahme aufgrund der Bodenverfärbung die gesamte Turmstelle WP 10/42 „Im Säubaumacker" sichtbar. Der Holzturm ist deutlich inmitten seines Ringgrabens zu erkennen

Wir beginnen unsere Wanderung am Kohortenkastell Oberscheidental am südöstlichen Ausgang des Dorfes. Im Norden überdeckt die Straße nach Unterscheidental die Umfassungsmauern des Kastells, im Osten wird es eingegrenzt durch die Friedhofsmauer und an der Nordwestecke ist die Anlage überbaut von einem bäuerlichen Anwesen.

1880 wurden von Wilhelm Conrady erste Grabungen durchgeführt, da man ursprünglich der Meinung war, dass

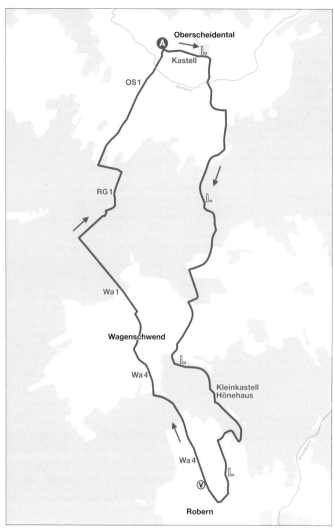

der Limes von Schloßau in östlicher Richtung über Mudau nach Osterburken verlaufe. Weitere Grabungen brachten dann 1883, 1886 und 1895 die Umwehrung, Teile der Innenbauten sowie das südwestlich vom Kastell gelegene Bad zutage. Die Umfassungsmauern hatten eine Länge von 153 x 137 m, waren durch vier mit Türmen flankierten Toren unterbrochen und hatten die üblichen abgerundeten Ecken. Das Südtor des Kastells, die *porta principalis dextra*, war besonders gut erhalten und wurde konserviert.

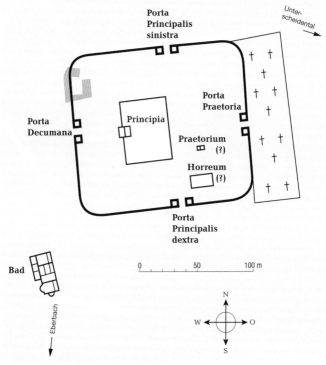

Grundriss: Kastell Oberscheidental

Dieses Tor ist heute Demonstrationsobjekt des Kastells. Der Umfang der flankierenden Tortürme betrug 4,90x5,80 m. Der mit einer Schwelle versehene Eingang befand sich im Innern des Kastells. Neben den Türmen führte hinter der Umwehrung eine Treppe auf den Wall. Davor befand sich ein 6 m breiter und bis zu 1,5 m tiefer Graben, der vor den Toren nicht unterbrochen und von einer Brücke überspannt war.

Von den Innenbauten konnten besonders Teile des Stabsgebäudes aufgedeckt werden sowie Teile eines weiteren Gebäudes und eines kleinen, lediglich aus zwei Räumen bestehenden Bades. Das eigentliche Bad wurde südwestlich vom Kastell in etwa 42 m Entfernung gefunden. Heute ist das Bad durch die Straße nach Eberbach völlig überbaut.

Von den zahlreichen Fundstücken, die bei den Ausgrabungen gesichert wurden, ist vor allem eine reliefverzierte

Weihestein der 1. Kohorte

Platte zu erwähnen, deren Inschriftteil abgeschlagen war und nicht gefunden werden konnte. Neben einem schildförmigen Inschriftenornament ist ein mit Lanze und Schild bewaffneter Krieger zu sehen. Vermutlich handelt es sich um die Darstellung des Kriegsgottes Mars. Im Kastell selbst wurden zahlreiche Münzen und Keramikteile gefunden sowie das Bruchstück des Schildes der Victoriastatue aus dem Heiligtum „Schneidershecke" von Schloßau. Auch Reste eines Lagerdorfes westlich des Kastells konnten festgestellt werden.

Aus Ziegelstempel des Bades geht hervor, dass die ursprüngliche Besatzung des Kastells die *Cohors III Dalmatorum* war. Sie wurde zwischen 115 und 125 n.Chr. in die Wetterau verlegt und durch die *Cohors I Sequanorum et Rauracorum equitata*, einer gemischten Reiter- und Infanterietruppe abgelöst. Sie blieb bis zur Auflassung des Kastells um 155 in Oberscheidental und wurde dann nach Miltenberg verlegt. Ein Inschriftstein an der Mauer der St. Martinskapelle von Steinbach nennt die Bläser dieser Kohorte als Weihende, die ihrer Schutzgöttin Minerva diesen

Mauerreste vom Kohortenkastell Oberscheidental

9

Mauerrest vom Kleinkastell Hönehaus

Stein setzten. In freier Übersetzung lautet diese Inschrift: „Der Minerva haben die Blasmusikanten der 1. Kohorte der Sequaner und Rauraker, der berittenen, ein Gelübde froh und freudig eingelöst, wie es gebührt."

Vom Kastell folgen wir dem Limes-Wanderweg zunächst in Richtung Unterscheidental und biegen dort nach Süden ab. Auch die nächste Turmstelle WP 10/43 „Am Neckarweg" ist der Landwirtschaft zum Opfer gefallen und nicht mehr erkennbar. Im Wald erreichen wir dann den Posten WP 10/44 „Heunenbuckel". Er war mit einer Seitenlänge von 8,10 x 8,30 m der größte Steinturm am ganzen Odenwald-Limes. Die Turmruine ist von einem stattlichen Erdhügel von etwa 15 m Durchmesser überdeckt. Bei den Untersuchungen der Reichslimeskommission fanden sich noch 8-10 Steinreihen aufeinander. Die Mauerbreite betrug 0,85-0,95 m. Im Innern fand man Bruchstücke von Ziegeln, die darauf verwiesen, dass das Dach mit Ziegeln gedeckt war. Ein weiteres Fundstück war ein Mauerstein mit dem Relief eines Halbmondes.

Von den folgenden Turmstellen WP 10/45 „Im Weißmauerfeld", WP 10/46 „Auf dem Dreispitz" und WP 10/47 „Im Schlagfeld" ist nichts mehr zu sehen.

Südlich vom WP 10/45 ist in der topographischen Karte ein Damm eingezeichnet. Hier konnte die Reichslimeskommission bei ihren Untersuchungen unter einer dün-

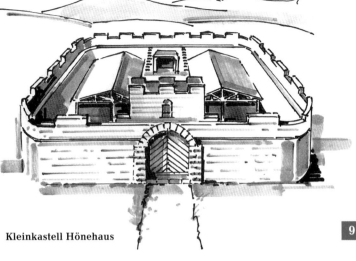

Kleinkastell Hönehaus

nen Humusschicht den 3 m breiten befestigten Limesweg nachweisen und Steinplatten bergen, auf denen sich sogar die Wagenspuren noch erhalten hatten. Leider ist dieser Abschnitt des Patrouillenweges nicht konserviert worden, sodass heute keine Reste mehr sichtbar sind.

Auf konservierte Mauerreste stoßen wir erst wieder beim Kleinkastell Robern, auch Hönehaus genannt. Es ist das einzige Kleinkastell am Odenwald-Limes, dessen Außenmauern nahezu vollständig in den unteren Schichten konserviert sind. Die Länge der Mauer beträgt 20 x 21 m. Die Anlage hatte 2 Tore, die nach Osten und Westen ausgerichtet waren. Ein Graben vor der Umwehrung war nicht vorhanden. Im Innern standen einfache Fachwerkbauten. Vor dem Osttor fand man bei den Untersuchungen ein Relief aus rotem Sandstein mit der Darstellung der Göttin Victoria. Auf einem Globus stehend, hält sie in der rechten Hand einen Siegerkranz und in der linken einen Palmzweig. Diese Reliefdarstellung befindet sich heute im Badischen Landesmuseum in Karlsruhe. Aufgabe des Kastells war sicherlich die Kontrolle des durch den Bachlauf unterbrochenen Limes, die von einem Wachturm nicht in diesem Umfang geleistet werden konnte, und auch die räumliche Entfernung zu den Nachbarkastellen Oberscheidental und Neckarburken, für die eine regelmäßige Wachablösung zu zeitaufwendig war.

Vom Kleinkastell folgen wir dem Limes-Wanderweg noch bis nach Robern. Auf der Hochfläche jenseits der Fahrstraße steht ein schöner Bildstock mit der Darstellung der Geburt Christi. Etwa 100 m weiter befand sich rechts vom Weg der Wachtposten WP 10/49 „Im alten Feld". Hier sind, ebenso wie bei der nachfolgenden Turmstelle WP 10/50 „Brenneisenäcker" keine Überreste sichtbar.

In der Ortsmitte von Robern stoßen wir auf den Verbindungsweg **„V"** und folgen ihm nach rechts durch die „Alte Straße" aufwärts. Der Verbindungsweg mündet in die örtliche Markierung **Wa 4**, die uns nach Wagenschwend bringt. Dort stoßen wir auf den Rundweg **Wa 1** und folgen ihm die zweite Straße nach links aufwärts zur L 524. überqueren diese und laufen durch die Feldflur in den Bergwald. Dort biegen wir mit dem örtlichen Rundweg **RG 1** rechts ab und gehen hinab in den Reisenbacher Grund. Nach Überqueren des Baches folgen wir dann dem Rundweg **OS 1** zurück nach Oberscheidental.

Kastell Neckarburken

Charakteristik:	Abwechslungsreiche Wanderung im Elztal
Beste Wanderzeit:	März – November
Ausgangspunkt:	Neckarburken
Wanderkarte:	TF 20-18 „Südlicher Odenwald – Bauland"
Markierungen:	L – ③ – L

Ort	km	Zeit	Höhe	Informationen
Neckarburken	0,0	0:00	180	🏛 ✆ (06261) 8903-0, Ausgrabungen, Museum (Öffnungszeiten), ✆ (06261) 5706
Grillhütte	1,8	0:35	230	Aussichtspunkt
WP 10/60	1,6	0:35	260	Im Schlag 11
WP 10/59	0,8	0:15	275	Im Schlag 8
Römerstraße	0,4	0:10	290	KD
Grillhütte	4,0	1:15	230	
Neckarburken	1,5	0:25	180	🚏
Gesamtstrecke	10,1	3:15		Schwierigkeit: mittel

Auch zwischen Robern und Neckarburken ist von den meisten Turmstellen sowie von dem Kleinkastell Trienz nichts mehr zu erkennen. Dennoch soll an das Kleinkastell Trienz, das als Wachturm gezählt und mit der Nummer WP 10/52 registriert ist, erinnert werden. Die Anlage wurde 1897 untersucht und vermessen. Das Kastell besaß einen quadratischen Grundriss von 45 m Seitenlänge und war mit einer Besatzung von 40-50 Mann das größte Kleinkastell am Odenwald-Limes. An der Ost- und an der Westseite befand sich jeweils ein Tor mit einer Durchfahrtsbreite von 2,90 bzw. 3,40 m. Rund um die Umwehrung verlief ein einfacher Wehrgraben. Vor dem Osttor fand man Bruchstücke einer Bauinschrift, daneben eine im Relief dargestellte Soldatenfigur. Diese Tafel wurde vermutlich 145 n. Chr. von den *Brittones Elantienses* nach der Fertigstellung des Kastells über dem Haupttor angebracht. Unterstellt war das Kleinkastell dem Numeruns in Neckarburken. Heute ist diese Anlage vollständig von dem katholischen Gemeindezentrum überbaut.

Gleiches Schicksal ereilte das Kohortenkastell von Neckarburken, während von dem kleineren, östlich davon gelegenen Numeruskastell die Fundamente des Westtores konserviert werden konnten. Von dem in der Nähe gelegenen Badegebäude konnte der Südteil konserviert werden, während der nördliche Teil von der Bundesstraße überschnitten wird.

Obwohl römische Funde bereits zu Beginn des 19. Jahrhunderts bekannt waren, wurden erst 1881 Untersuchungen durch den Mannheimer Altertumsverein am Numeruskastell durchgeführt. Die Reichslimeskommission grub in den Jahren 1892 bis 1894 in beiden Kastellen. Erich Gose führte 1949 vor der Überbauung des Kohortenkastells eine begrenzte Freilegung durch, der 1957 bei der Verbreiterung der B 27 eine weitere Untersuchung am Numeruskastell folgte. Mitte der siebziger Jahre wurde der zugängliche Teil des Badegebäudes nochmals aufgedeckt und restauriert. Schließlich kam 1982 bei Kanalarbeiten ein zweites, nördlich der Straße zur Elz hin gelegenes Bad zum Vorschein, dessen Mauerreste dokumentiert wurden.

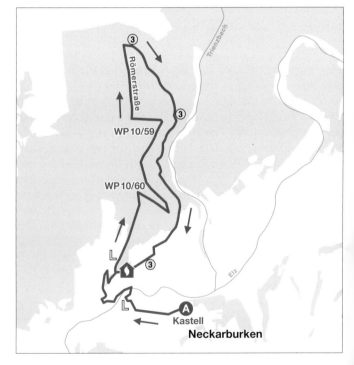

Wanderungen am Odenwaldlimes

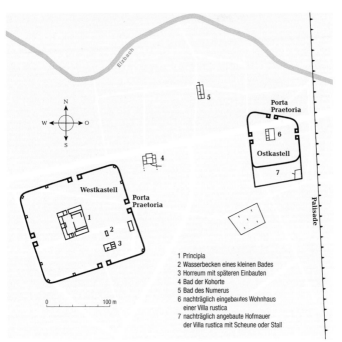

Lageplan der beiden Kastelle in Neckarburken

Das Kohortenkastell mit einer Größe von 131,5 x 158 m war von einem Graben umgeben, der an den vier Toren unterbrochen war. Das nach Osten ausgerichtete Haupttor, die *porta praetoria*, war mit 8,95 m etwa doppelt so breit wie die beiden seitlichen und das rückwärtige Tor. Die von innen zugänglichen, flankierenden Tortürme hatten einen Umfang von 4,50 x 4,50 m. Als zusätzliche Absicherung verstärkte auf jeder Längsseite ein Zwischenturm die Umwehrung. Das Stabsgebäude war durch einen Gang in einen vorderen und einen hinteren Teil getrennt, entsprach aber ansonsten der üblichen Einteilung mit einer zum Hof hin ausgerichteten Apsis für das Fahnenheiligtum. Die weiteren, aus Fachwerk bestehenden Innenbauten, konnten nicht ermittelt werden. Als Besatzung nennt eine Bauinschrift des Kastells die *Cohors III Aquitanorum equitata civium Romanorum*. Nach Abzug der Legionäre könnte das Kastell als Nachschublager für die neue östliche Limeslinie gedient haben, bevor eine mögliche zivile Nutzung einsetzte. Hinweis hierfür ergibt ein zwischen der

Westtor des Numeruskastells

principia und dem Südtor unterkellertes, mehrräumiges Haus mit Fußbodenheizung und einem kleinen Bad. Es handelte sich wahrscheinlich um das Hauptgebäude eines Gutshofes, das erst in der Nachkastellzeit errichtet worden war.

Das Kastellbad befand sich rund 40 m weiter östlich und ist heute teilweise restauriert. Bei den Grabungen in den siebziger Jahren in dem noch zugänglichen Teil des Bades fand man einen Anbau, der als Umkleideraum gedient haben könnte. Ferner fand man auch hier Hinweise auf Umbauten in der Nachkastellzeit, um den Badetrakt zu vergrößern.

Östlich vom Bad sehen wir heute neben der Straße das restaurierte Westtor des Numeruskastells. Sein Grundriss misst 80 x 80 m. Die ursprüngliche Umfassungsmauer war zwischen 0,90 und 1,60 m breit. Ein Graben scheint auf der Nordseite wegen der vorbeifließenden Elz gefehlt zu haben. Das Kastell hatte drei mit Türmen abgesicherte Tore mit einer Breite zwischen 3,45 bis 3,80 m. Über dem Westtor war die Bauinschrift des Kastells angebracht, die mit der aus dem Kleinkastell Trienz übereinstimmt und in freier Übersetzung lautet: „Dem Imperator Caesar Titus Aelius Hadrianus Antoninus Pius Augustus, Oberpriester, ausgestattet mit der tribunizischen Gewalt, Konsul zum vierten Mal, Vater des Vaterlandes, von dem Numerus der Brittones Elantienses."

Kohortenbad

1982 entdeckte man bei Kanalarbeiten auch das zum Numeruskastell gehörende Badegebäude. Leider war nur der östliche Teil des Bades erhalten und auch der war bei den Baggerarbeiten stark beschädigt worden. Zwei hintereinanderliegenden beheizten Räumen waren westlich ein Kaltwasserbecken sowie zwei weitere Räume angegliedert. Der nördliche dieser beiden Räume hatte Röhrenziegel zur Erwärmung der Wand. Mauerausbesserungen ließen erkennen, dass das Bad umgebaut worden war. Dies geht auch aus der Inschrift eines Altarsteines hervor, auf dem es heißt: „Der Fortuna haben die Elzbrittonen das Bad, welches aus Altersgründen zusammengefallen war, unter Hinzufügung einer Rundnische und Wiederherstellung der Decke in Ziegelbauweise sowie Einbau neuer Heizkessel auf Anordnung des Statthalters Calpurnius Agricola und unter Aufsicht des Centurio der Legio VIII Augusta, Veranius Saturninus, geweiht, als Tertullus und Sacerdos Konsuln waren" (= 158 n. Chr.).

Der Elzbrittonen-Numerus hat also nach der Limesvorverlegung um 155 weiter bestanden, während die 3. Kohorte nach Osterburken verlegt worden war. Das für den Numerus vorgesehene Kastell in Osterburken wurde erst zwischen 185 und 192 n. Chr. errichtet. Wahrscheinlich war der Numerus im Elztal bis zu diesem Zeitpunkt für den Nachschub verantwortlich. Das Lagerdorf erstreckte sich vor allem westlich des Kohortenkastells und zwischen den beiden Kastellen. Nach Abzug der Truppen im Jahre 159 n. Chr. richtete ein römischer Bauer in dem Kastell eine *villa rustica* ein. Dabei vergrößerte er die Innenfläche nach Süden, indem er die Südmauer niederlegte und das Steinmaterial zum Bau der neuen Umfassungsmauer nutzte. Im Keller der Villa fand man das Bruchstück eines Militärdiploms von 134 n. Chr., das der Bewohner hier an sicherer Stelle aufbewahrt hatte.

Nach Besichtigung der Ausgrabungen folgen wir dem Limes-Wanderweg an der Kirche vorbei über die Elz und die Bahnlinie hinauf in den Bürgerwald. Von der am Waldrand gelegenen Grillhütte hat man einen herrlichen Blick hinab auf Neckarburken und das Elztal. Im Bürgerwald kommen wir zunächst an zwei Turmstellen vorbei. Der erste Turm, WP 10/60 „Im Schlag 11", besaß bei den Ausgrabungen durch die Reichlimeskommission noch mehrere Steinschichten. Die Seitenlänge maß 5,45 x 5,60 m und die Mauerstärke betrug bis zu 1,20 m. Bei der Konservierung des Turmes im Jahre 1929 mussten die Nordost- und die Südostecke durch große Quadersteine markiert werden, da hier kein Mauerwerk mehr vorhanden war.

Etwa 800 Meter weiter nördlich erreichen wir die Turmstelle WP 10/59 „Im Schlag 8". Die Ausgrabungen der Reichlimeskommission ergaben einen Grundriss von 5x5 m bei einer Mauerstärke von 0,80 m. Auf der Westseite war der Turm noch 0,70 m hoch. Im Innern fanden sich Verputzreste und Keramikscherben.

Hinter der Turmstelle biegt der Limes-Wanderweg nach Westen ab und führt zu einem im Gelände streckenweise gut sichtbaren Damm, die alte Römerstraße. Auf ihr laufen wir nun in nördlicher Richtung.

Beim Zusammentreffen mit dem Rundweg ③ verlassen wir die Römerstraße und den Limes-Wanderweg und folgen dem Rundweg nach rechts. Er führt uns auf einem abwechslungsreichen Hangweg oberhalb des Trienzbaches zurück an die Grillhütte, von wo wir mit dem Limes-Wanderweg wieder zurück nach Neckarburken laufen.

Kastell Miltenberg

Charakteristik:	*Anspruchsvolle Wanderung mit herrlichen Aussichtspunkten*		
Beste Wanderzeit:	*März – November*		
Ausgangspunkt:	*Miltenberg, Marktplatz*		
Wanderkarte:	*TF 20-7 „Maintal – Odenwald"*		
Markierungen:	*✕ (blau) – M 1 – M 2*		

Ort	km	Zeit	Höhe	Informationen
Miltenberg, Marktpl.	0,0	0:00	130	🅷 ℮ (09371) 404119
Altstadtkastell	2,0	0:30	125	KD, Kohortenkastell ORL 38
Laurentiuskapelle	0,9	0:15	130	KD
Ringwall	3,7	1:30	452	KD
Haags-Aussicht	3,5	1:15	438	Aussichtspunkt
Wachturm WP 7/6	1,8	0:30	350	KD
Marktplatz	3,4	1:00	130	🅿
Gesamtstrecke	15,3	5:00		Schwierigkeit: Steigungen, Ausdauer

11

Ausgangspunkt der Wanderung ist das „Schnatterloch", der Marktplatz der Stadt Miltenberg. Inmitten mehrerer schmucker Fachwerkhäuser steht der Marktbrunnen. Er wurde 1583 von dem Miltenberger Bildhauer Michael Junker aus rotem Sandstein geschaffen und gehört zu den schönsten Renaissancedenkmäler der Stadt. Aus dem achteckigen Brunnenbecken erhebt sich eine schlanke

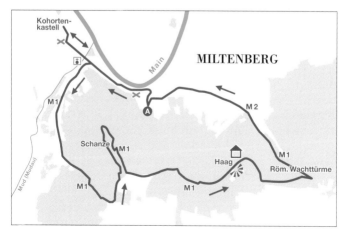

Blick ins Museum der Stadt Miltenberg

Säule, die von der Statue der Gerechtigkeit gekrönt wird. Am Schild der Justitia ist das Wappen des Erzbischofs Wolfgang von Dahlberg angebracht. Neben der Amtskellerei und dem Schnatterlochturm steht das Centgrafenhaus, benannt nach dem Centgrafen Leonhard Gackstatt.

Vom Marktplatz folgen wir der OWK-Markierung ✕ (blau) hinab zum Mainufer und dort flussabwärts zum ehemaligen Kohortenkastell Miltenberg. Das Kastell war an einer Schiffsanlegestelle auf den Main hin ausgerichtet. Die einstige römische Anlage ist für Laien nur schwer zu erkennen. Sichtbar sind ein Mauerstumpf an der Mainfront und Spuren der nordwestlichen Umwehrung. Es

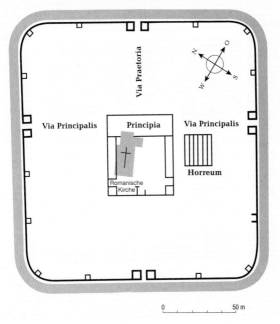

Via Praetoria

Via Principalis · Principia · Via Principalis

Principia

Romanische Kirche

Horreum

0   50 m

Miltenberg: Gesamtplan des Altstadtkastells

wurde 159 zunächst als ein Holz-Erde-Lager errichtet und dann in Stein ausgebaut. Seine Größe betrug 2,7 ha. Aufgrund der mittelalterlichen Überbauung wurde es erst 1842 entdeckt. Erste Ausgrabungen erfolgten 1875, als mit dem Bau der Eisenbahnlinie begonnen wurde. 1878 wurden weitere Untersuchungen durch die Reichslimeskommission durchgeführt. Die bei den Grabungen gefundenen Stücke wie Inschriften- und Weihesteine, die Victoriasäule, Keramik, Münzen, Werkzeuge und Waffen finden sich im Museum von Miltenberg. Auch das zum Kastell gehörende Bad wurde gefunden. Es ist jedoch heute durch den Bahndamm völlig überdeckt. Die Besatzung des Kastells war die *Cohors I Sequanorum et Rauracorum equitata* mit einer Truppenstärke von 480 Mann, die vor 159 n. Chr. in Oberscheidental stationiert war.

Im frühen Mittelalter entstand innerhalb der Kastellmauern eine Nachfolgebesiedlung. Die Kastellmauern wurden als Stadtmauern wieder errichtet und innerhalb der principia auf Teilen vorhandener Grundmauern eine Kirche errichtet. Dieses pfälzische „oppidum Walehusen" befand sich in unmittelbarer Nachbarschaft zur Mainzer Burgsiedlung Miltenberg. Während der Lorscher Fehde, als Folge der Übereignung des ehemals freien Reichsklosters Lorsch an das Erzbistum Mainz im Jahre 1232, zerstörte der mainzische Burggraf um 1240 den pfälzischen Stützpunkt Wallhausen und veranlasste die Einwohner, sich unterhalb der Burg anzusiedeln.

Vom Kastell gehen wir den gleichen Weg wieder zurück bis zur Bundesstraße, überqueren diese und laufen über die alte steinerne Mudbrücke zur Laurentiuskapelle. Von hier folgen wir dann dem örtlichen Rundweg **M 1** hinauf zum Grein-Berg mit seinem historischen Ringwall. Dieser, sich rund um die Bergkuppe ziehende doppelte Ringwall, wird auf ein Alter von etwa 2500 Jahre geschätzt. Die ältesten Fundstücke stammen aus dem 1. Jahrtausend v. Chr. Bedeutender sind jedoch Fundstücke aus römischer Zeit. Sie geben uns Hinweise auf einen Merkurtempel innerhalb der Ringwallanlage. Von ihm stammen die im Museum ausgestellten Altäre.

Die maximale Ausdehnung des ovalen Ringwalls beträgt ca. 600 x 400 m. Im Osten nutzen sowohl der ältere innere als auch der jüngere äußere Wall den Steilabfall des Geländes. Diese Verteidigungsanlage entstand wahrscheinlich in der späten Bronzezeit zwischen 1200 und 700 v.Chr. und wurde in keltischer Zeit ab 700 v. Chr. weiter ausgebaut. Dies erklärt warum der äußere Wall wesentlich besser erhalten ist als der innere und überall die natürlichen Abbruchkanten im Gelände nutzt. Im Südosten, wo kein natürlicher Geländeabfall vorhanden ist und die Bergkuppe mit der Hochfläche verschmilzt, ist der Ringwall am stärksten ausgebildet. Die äußere Höhe beträgt heute noch 4,20 m, von innen beträgt sie 2,40 m. Das alte Tor befand sich im Westen, im Bereich der größten Breite des äußeren Walles. Die heutigen Zugänge im Südosten und im Nordwesten gehören nicht in die Entstehungszeit und sind neuzeitliche Durchbrüche.

In der Nähe des Ringwalles fand Wilhelm Conrady 1878 den geheimnisvollen Toutonenstein, dessen Inschriften bis heute noch nicht entziffert werden konnten. Auf dem 4,75 m hohen, nadelförmigen Stein sind neben kleineren Zeichen sechszeilig konzipierte Buchstaben eingehauen, von denen nur die beiden ersten Zeilen ausgeführt sind. Der Fund ist in die Zeit von 150-260 n. Chr. zu datieren.

Der Toutonenstein im Museum

Nach Verlassen der Wallanlage folgen wir der Markierung **M 1** zur „Haags-Aussicht". Hier wurde zwischen 1890 und 1980 Sandstein abgebaut. Zeitweilig waren bis zu 100 Steinhauer in den Brüchen tätig. Von dort wandern wir weiter zur Wenschdorfer Steige. Hier befinden sich die zugeschütteten Fundamentreste des Wachturmes WP 7/6.

Die Strecke 7 des obergermanisch-raetischen Limes beginnt am Numeruskastell Miltenberg-Ost, N° ORL 38a. Es handelte sich um ein Steinkastell von 0,6 ha. Dieses, durch Überbauung heute nicht mehr sichtbare Kastell, wurde 1912 entdeckt und ausgegraben. Von seinen vier Toren war die *porta praetoria* auf den Main hin ausgerichtet. Um die 1,6 m breite Umwehrung verlief ein Spitzgraben. Laut einer auf dem Grein-Berg im dortigen Merkurtempel gefundenen Inschrift war die Besatzung der *Numerus exploratorum Seiopensium*, der die Aufgabe hatte, Schutz und Versorgung der ersten Wachtürme an der neuen Limeslinie zu gewährleisten. Unterstellt war die 120 Mann starke Truppe dem Kommando des Centurio des Altstadtkastells. Auch von den Wachtürmen WP 7/1 bis 6 sind keine sichtbaren Spuren mehr vorhanden.

In der Nähe des Schützenhauses verlassen wir den Rundweg M 1 und gehen mit dem Rundweg **M 2** bzw. **M 3** geradeaus bergab nach Miltenberg zurück an unseren Ausgangspunkt.

Kleinkastell Haselburg

Besichtigung einer ausgegrabenen
und konservierten Wehranlage.

An der Kreisstraße K 3914 zwischen Gerolzahn und Reinhardsachsen liegt etwa auf der Mitte der Strecke an einem
flachen, sanft nach Osten geneigten Hang, knapp 100 m
rechts von der Straße das Kleinkastell Haselburg. Von dort
hat man eine gute Sicht über das leicht abfallende Gelände, wo ehemals in etwa 60 m Entfernung der Limes vorbei-
lief, von dem heute allerdings nichts mehr zu erkennen ist.
Von dieser Anlage ist das 1975 konservierte Osttor mit den
sich anschließenden Teilen der steinernen Kastellmauer
sichtbar.

Im 18. Jahrhundert müssen noch umfangreiche Ruinenreste vorhanden gewesen sein, denn nachweislich wurden
um 1780 für den Bau der Kirche von Reinhardsachsen und
zum Wegebau zahlreiche Wagenladungen von Steinen
abgefahren. Nach ersten Grabungen von Wilhelm Conrady im Auftrag der Reichslimeskommission hat Hans Ul-
rich Nuber auf Veranlassung des Landesdenkmalamtes in
Karlsruhe von 1975-76 die gesamte Innenfläche der Anlage freigelegt, da die noch vorhandenen Mauerreste des
Kastells durch die intensive landwirtschaftliche Nutzung
des Geländes immer stärker in Mitleidenschaft gezogen
wurden und die Gefahr bestand, vollends vernichtet zu
werden. Dadurch gehört das Kleinkastell Haselburg zu
den wenigen Anlagen am obergermanisch-raetischen Limes, die vollständig ausgegraben werden konnten. Die
Grabungen erbrachten eine lückenlose Übersicht über den
Aufbau des Kastells.

Das Kastell entstand während der Vorverlegung des
Limes um die Mitte des 2. Jahrhunderts als kleines Holz-
kastell. Es hatte eine Größe von 41 x 37 m und besaß als
Umwehrung eine Holzpalisade. Längs durch das Kastell
verlief in nordöstlicher Richtung die Lagerhauptstraße, der
die beiden Tore verband. Das nordöstliche Tor war auf den
Limes ausgerichtet, der an dieser Stelle, am Übergang vom
Mud- ins Erftal, sicherlich einen kontrollierten Durchgang

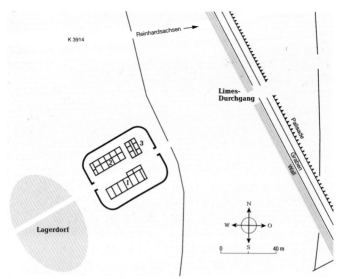

Lageplan Kleinkastell Haselburg

besaß und Anlass zum Bau dieser Wehranlage war. Unmittelbar nach seiner Errichtung muss das Kleinkastell abgebrannt sein und wurde danach unverzüglich etwas vergrößert wieder aufgebaut. Die Umwehrung wurde jetzt als hölzerne Bohlenwand mit einem innen angeschütteten, 3 m breiten Erdwall errichtet, dem ein Spitzgraben vorgelagert war. Der neue Kastellumfang betrug 52,5 x 43,5 m. Die Innenbauten wurden in unveränderter Form neu aufgebaut.

Rechts und links der Straße standen die Mannschaftsunterkünfte. Es waren zwei hölzerne, nach dem üblichen Schema errichtete Baracken, aufgeteilt in einen vorderen, größeren Aufenthaltsraum und einen kleinen, hinteren Schlafraum für je 8 Mann. Im Kopfbau der südlich der Lagerstraße gelegenen größeren Baracke war die Wohnung des Kommandanten (1). Sie besaß zur Straße hin einen unterkellerten Vorbau und war in sechs Einheiten unterteilt. Auf der gegenüberliegenden Straßenseite befand sich ein aus 5 Einheiten bestehender Barackenbau, von dem die vordere Wohneinheit ebenfalls unterkellert war und dem stellvertretenden Lagerkommandanten als Wohnung diente (2). Die Größe des Kastells und die Anzahl der Wohneinheiten verweist auf eine Centurie, eine Einheit von 80 Mann, die vermutlich dem Kastell Walldürn

Eingangsbereich Kleinkastell Haselburg

unterstand. Als Besatzung kommen die *Brittones dediticii* in Betracht, deren Unteroffiziere zu den Stiftern des Fortuna-Altars im Kastellbad von Walldürn gehörten.

Ein quer stehender Bau im nordöstlichen Kastellbereich besaß in der Längsachse einen Mittelgang mit beiderseits drei etwa gleich großen Räumen, die sicherlich als Vorrats- und Lagerräume genutzt wurden (3). In der Mitte des Kastells lag unter der Straße eine durch Bohlen abgedeckte Zisterne. Eine weitere befand sich unmittelbar neben dem Westtor und eine dritte zwischen der Wohnung des Kommandanten und dem Osttor. Hier fand man auch zwei Feuerstellen.

Etwa 180 n. Chr. ersetzte man dann die schadhaft gewordene Holzumwehrung durch eine Steinmauer. Unter dem umfangreichen Fundmaterial, das bei den Ausgrabungen sichergestellt werden konnte, ist auch ein Geldstück, das belegt, dass das Kastell mindestens bis 259 n. Chr. bestanden haben muss. Des Weiteren ist ein Depotfund von Eisengeräten erwähnenswert, darunter ein Schwert (gladius) mit eingelegten Verzierungen sowie Keramikfunde und ein kleiner Weihealtar, dessen Stifter ebenso wenig zu ermitteln war wie die ihr geweihten Gottheit.

Südwestlich des Kastells, in Verlängerung der Kastellstraße, fanden sich Hinweise auf ein Lagerdorf. Südöstlich des Lagers, in unmittelbarer Nähe einer Quelle, vermutet man das Kastellbad.

Limespfad Walldürn

Charakteristik:	Informative Wanderung über den Limespfad
Beste Wanderzeit:	Ganzjährig
Ausgangspunkt:	Walldürn, Waldparkplatz beim Industriegebiet VIP
Wanderkarte:	TF 20-20 „Fränkischer Odenwald – Madonnenländchen
Markierungen:	— – V – o. Mark.

Ort	km	Zeit	Höhe	Informationen
Waldparkplatz	0,0	0:00	413	🄷 ✆ (06282) 67106 bzw. 107
WP 7/35	0,4	0:10	420	KD
WP 7/33	0,7	0:15	440	KD
WP 7/32	0,4	0:10	430	KD
WP 7/31	0,5	0:10	435	KD
Waldparkplatz	3,2	1:00	413	
Gesamtstrecke	5,2	1:45		Schwierigkeit: leicht

Am Waldparkplatz in der Nähe des Industriegebietes VIP östlich von Walldürn beginnt ein informativer Limeslehrpfad. Auf rund 2 km Länge entlang der Limesstrecke infor-

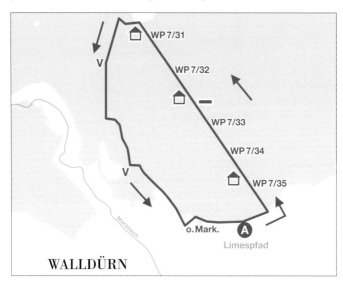

Wachturmfundament WP 7/35

mieren zahlreiche Tafeln über den römischen Grenzverlauf und die dort konservierten Wachtürme.

Vom Parkplatz folgen wir dem Limes-Wanderweg zunächst ein kleines Stück in östlicher Richtung die Straße entlang und biegen dann links in den Wald ein. Eine erste Informationstafel gibt uns einen kurzen geschichtlichen Abriss aus der Zeit von der Errichtung des Limes unter Kaiser Domitian bis zu seinem Zusammenbruch in den Jahren 259 bis 260 durch den Ansturm der Alemannen.

Die erste Wachturmstelle, an der wir vorbeikommen, ist der Posten WP 7/35 „Lindig-Süd". Bei den Untersuchungen durch die Reichslimeskommission wurde er als „ansehnlicher Schutthügel" bezeichnet. Im Zuge der Einrichtung des Lehrpfades wurde er nochmals eingehend untersucht, vermessen und anschließend konserviert. Die Seitenlänge der Mauern beträgt 4,5 x 4,5 m, die Mauerstärke 0,8 m. Um den Turm verlief ein runder Entwässerungsgraben. Geschützt wurde der Turm durch Wall und Palisade. Bei den Ausgrabungen fand man Scherben von Töpfen, Krügen und Reibschalen sowie eine eiserne Hammeraxt und einen Denar des Kaisers Vespasian, der zwischen 69 und 71 n. Chr. in Rom geprägt worden war.

Der Wachturm WP 7/34 „Taubenpfad" wurde von der Reichlimeskommission aufgrund der Entfernung zum Wachturm WP 7/33, der Terrainbeschaffenheit und der vorausgesetzten Sichtverbindung der Türme untereinander

WP 7/31 „Steinernes Haus"

als notwendigerweise existent angenommen. Alle Untersuchungen aber haben bis heute den Standort nicht nachweisen können.

Die nächste Wachturmstelle, WP 7/33 „Lindig-Nord", stand auf einer leichten Anhöhe und bot einen guten Überblick. Bei den Untersuchungen der Reichslimeskommission wurde ein drei Steinlagen hohes Fundament mit einer Seitenlänge von 4,45 x 4,30 m und einer Mauerstärke von 0,85 m vorgefunden. Das Mauerwerk stand auf einer Rollierungsschicht, die als Drainage diente. Bei den Konservierungsarbeiten im Oktober 1969 wurden vor allem Keramikfunde gemacht.

Vom Wachturm WP 7/32 „Großer Wald" ist nur noch ein Erdhügel mit umlaufendem Graben zu sehen.

Am Posten WP 7/31 „Steinernes Haus" sind zwei Gebäudegrundrisse konserviert. Die Reichslimeskommission hatte lediglich die Fundamente des größeren Baues untersucht. Seine ungewöhnliche Größe von 8,10 x 6,80 m warf die bis heute nicht beantwortete Frage nach seiner Funktion auf. Erst 1969, bei der Einrichtung des Lehrpfades, wurde knapp 6 m südlich von dem großen Gebäude das Fundament des eigentlichen Wachturmes gefunden. Seine Ausmaße von 4,70 x 4,50 m entsprechen den üblichen Wachturmgrundrissen. Diese Entdeckung warf erneut die Frage nach der Funktion des zunächst als „Wachthaus" vermuteten größeren Gebäudes auf. Auch wurde ein nach-

Rekonstruierte Limes-Palisade

träglich angesetzter Mauerwinkel festgestellt, dessen Funktion ebenfalls nicht geklärt werden konnte. Vermutet wird eine Nutzung dieses Gebäudes als Stall, Speicher und Unterkunft. Östlich der Turmstelle konnte auch der ehemalige Palisadengraben nachgewiesen werden. Die im Erdreich noch gefundenen Holzreste konnten als Rotbuche bestimmt werden. So wurde auch die an dieser Stelle rekonstruierte Palisade aus Rotbuchenstämme errichtet.

Auch an dieser Grabungsstätte konnten zahlreiche Keramikscherben gefunden werden. Aufgrund seiner ungewöhnlichen Größe ist dieser Posten bei der Bevölkerung als „Hönehaus" bekannt und mit der Sage von einem Riesenfräulein verbunden.

Am Waldrand halten wir uns links und gehen bis zu einem Querweg. Hier stoßen wir auf den Verbindungsweg „**V**", dem wir nach links zurück nach Walldürn folgen. Am Sportplatz verlassen wir den Verbindungsweg und gehen **ohne Markierung** auf einem schmalen Weg links am Sportplatz vorbei. Am Sportplatzende halten wir uns rechts und folgen einem Waldrandweg zurück zum Parkplatz.

Römerbad Walldürn

Charakteristik:	*Angenehmer Spaziergang zum Römerbad*			
Beste Wanderzeit:	*Ganzjährig*			
Ausgangspunkt:	*Walldürn, Museum*			
Wanderkarte:	*TF 20-20 „Fränkischer Odenwald – Madonnenländchen*			
Markierung:	*W 6*			

Ort	km	Zeit	Höhe	Informationen
Walldürn	0,0	0:00	410	🅷 🕿 (06282) 67106 bzw. 67107
Römerbad	2,9	1:00	400	KD
Walldürn	1,7	0:30	410	🚻
Gesamtstrecke	4,6	1:30		Schwierigkeit: leicht

Nach Abzug der Römer blieb die Gegend um Walldürn wahrscheinlich auch weiterhin besiedelt. 785 wurde der Ort im Lorscher Codex erstmals urkundlich als „Turninu" erwähnt. Ende des 12. Jahrhunderts erhielt *Rupertus de Durne* das Gebiet rund um Walldürn von Kaiser Friedrich I., Barbarossa, zu Lehen. Die Herkunft derer von Durne ist unbekannt. 1171 wurde der Name Rupertus de Durne erstmals als Zeuge in einer von Kaiser Friedrich I. ausgestellten Urkunde genannt. Bis 1196 findet sich dieser Name dann in insgesamt 142 von Kaiser Friedrich Barbarossa und seines Sohnes Heinrich VI. unterzeichneten Urkunden und bezeugt damit die Kaisernähe von Ruprecht I. und der Bedeutung dieses Adelsgeschlechts (siehe: Türk, Wanderungen zu den schönsten Burgen und Schlössern im Odenwald, Teil 2, Seite 113 ff.). In *Durne* baute Ruprecht I. eine vielleicht schon vorhandene Burg aus und errichtete von hier die nahe gelegene Burg Wildenberg. Trotz der Machtfülle mussten die Herren von Dürn jedoch bereits Ende des 13. Jahrhunderts erst Burg Wildenberg (1271) und 1294 die Stadt Dürn an den Erzbischof von Mainz verkaufen.

Entscheidend für die Entwicklung Walldürns, seit 1423 wegen der umliegenden ausgedehnten Waldgebiete „Waltdürn" genannt, war ein Ereignis aus dem Jahre 1330. Ein junger Priester stieß in der St. Georgs-Kirche versehentlich den Kelch mit dem bereits konsekrierten Wein um. Dieser ergoss sich auf das Kelchtuch, auf dem sich daraufhin das Christus-Bild, umgeben von 11 dornengekrönten Häuptern bildete. Aus Angst wegen seiner Ungeschicklichkeit bestraft zu werden, verbarg der junge Priester das Leinentuch unter der Altarplatte. Erst auf dem Sterbebett bekannte er seine Tat und gab die Stelle an, an der er das Korporale verborgen hatte. Man fand das Tuch mit den blutroten Abbildungen, und schnell verbreitete sich die Nachricht von dem Blutwunder. Schon bald kamen die ersten Pilger zur Verehrung des Blutbildes nach Walldürn. Als man 1445 das Tuch nach Rom zu Papst Eugen IV. brachte, war das heute verblichene Bild des Gekreuzigten und die als „Veronicae" bezeichneten Häupter des Dornengekrönten noch deutlich zu sehen. In der noch vorhandenen Ablassurkunde des Papstes wird dies ausdrücklich vermerkt und das Geschehen als Wunder anerkannt, was zu verstärkt einsetzenden Wallfahrten führte. Selbst Pest, Bauernkrieg, Reformation und Dreißigjähriger Krieg brachten die Wallfahrten nie zum Erliegen. Im 18. und 19. Jahrhundert gehörte Walldürn zu den bedeutendsten Wallfahrtsstätten Deutschlands. Auch heute, während der Hauptwallfahrtszeit, beginnend am Sonntag nach Pfingsten, kommen vier Wochen lang alljährlich mehr als 100000 Gläubige zum Heilig-Blut-Altar nach Walldürn.

Nach Niederschlagung des Bauernaufstandes 1525 wurde Walldürn wegen revolutionärer Beteiligung mit der Aberkennung der Stadtrechte bestraft und die Bürger zu Leibeigenen gemacht. Während die Leibeigenschaft 1667 wieder aufgehoben wurde, wurden die Stadtrechte erst 1948 erneut verliehen. 1803 kam Walldürn nach über 500 jähriger Zugehörigkeit zu Mainz im Zuge der Säkularisation zum Fürstentum Leiningen und wurde 1806 in das Großherzogtum Baden eingegliedert.

Wir beginnen unsere Wanderung an dem Stadt- und Wallfahrtsmuseum in der Hauptstraße 39. Die dortige Römerabteilung bietet einen umfassenden Überblick über die Geschichte des Limes und seiner Anlagen auf der Gemarkung von Walldürn. Anhand von informativen Erläuterungen, Karten, Zeichnungen, Grundrissen und Fotographien, ergänzt durch ausgewähltes Fundmaterial, wird eine markante Epoche Walldürner Geschichte erläutert.

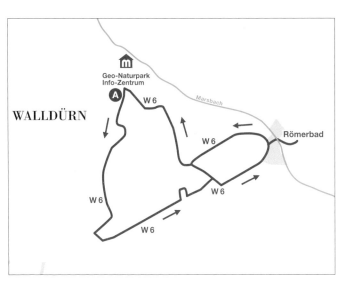

Vom Museum wandern wir mit der örtlichen Markierung **W 6** zum ehemaligen Römerkastell und zum restaurierten Bad. Erste systematische Grabungen am Kastell und am Bad wurden im Oktober 1881 von Wilhelm Conrady durchgeführt. Dank seiner Forschungen war es gelungen, den Limesverlauf zwischen Miltenberg und Walldürn festzulegen. Nach Gründung der Reichslimeskommission fungierte er als Streckenkommissar und war für die Strecke 7, Miltenberg – Hönehaus zuständig. Neuere Ausgrabungen am Kastellbad erfolgten 1972/73. Die Mauern wurden vermessen und anschließend konserviert. Dabei stellte man eine ältere und eine jüngere Bauphase fest. Dem älteren Bad war eine dreischiffige hölzerne Halle von über 200 m² vorgebaut, die sowohl die Funktion des *Apodyteriums* (Umkleidehalle) als auch einer *Palaestra* (Ringschule/Sporthalle) erfüllte, so wie es an vielen städtischen Badeanlagen im Römischen Reich üblich war. Von hier aus betrat man das *Frigidarium*, den Kaltbaderaum, mit einer auf der Westseite angebauten rechteckigen Apsis mit der *Piscina*, dem Kaltbadebecken. Sie besaß eine Größe von 4,05 x 2,15 m. Vom *Frigidarium* konnte man sowohl in das *Tepidarium* (Lauwarmbaderaum) als auch in das *Sudatorium* (Schwitzraum) gelangen. Letzteres war südlich an das *Frigidarium* und das Tepidarium angebaut. Man konnte also Heiß- und Kaltwechselbäder in diesem Teil der Therme vornehmen.

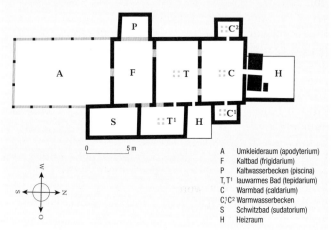

A	Umkleideraum (apodyterium)
F	Kaltbad (frigidarium)
P	Kaltwasserbecken (piscina)
T, T¹	lauwarmes Bad (tepidarium)
C	Warmbad (caldarium)
C¹, C²	Warmwasserbecken
S	Schwitzbad (sudatorium)
H	Heizraum

Grundriss: Badegebäude am Kastell Walldürn nach 232 n. Chr.

Die Wände des *Sudatoriums* waren mit Hohlziegeln versehen, durch die die warme Luft emporsteigen konnte. Beheizt wurde das *Sudatorium* und das *Tepidarium* von einer
nördlich an den Schwitzraum angebauten Feuerungskammer. Der ehemals auf Hypokaustpfeilern aus aufgeschich-
teten Ziegelplatten ruhende Fußboden war bei den Ausgrabungen bereits zerstört vorgefunden worden. Aufgrund
der Pfeiler konnte jedoch die Höhe des Bodens ermittelt
werden.

Vom *Tepidarium* gelangte man in das *Caldarium*, einem
Heißbaderaum mit zwei Badebecken. Das eine war als
halbkreisförmige Apsis westlich, das andere als rechteckiger Raum östlich an das Caldarium angebaut. Davor
lag die Feuerungskammer. Die beiden Badebecken hatten eine Größe von 4,8 m² bzw 4 m². Auch hier konnte
das Niveau des Fußbodens dank der Hypokaustpfeiler rekonstruiert werden. Es hatte die gleiche Höhe wie die der
anderen Räume. Der an das *Caldarium* angebaute Heiz-

raum dürfte der eigentliche Heizraum des Bades gewesen sein, während der an das *Sudatorium* angebaute zweite Heizraum nur als Hilfspraefurnium angesehen wird. Die beiden Mauern des ersten Heizraumes waren sehr massiv ausgeführt und dürften die Wasserbehälter und die Durchlauferhitzer getragen haben.

Nach dem Brand des Bades wurden die Mauern bis auf die Fundamente abgetragen und mit Abweichungen zum älteren Bad neu aufgebaut. Der schon bei den ersten Grabungen durch die Reichslimeskommission gefundene Weihealtar mit der Fortuna-Inschrift besagt, dass der Neubau 232 n. Chr. von der eigenen Truppe und mit eigenen Mitteln fertiggestellt worden war. Zu dieser Zeit waren wegen der Perserkriege (222-235) Legionstruppen abgezogen worden und die Kastellbesatzungen am Limes auf sich allein gestellt. Es fehlte also das technische Personal zur Unterstützung von Baumaßnahmen. Umso bemerkenswerter ist, dass eine so kleine Auxiliareinheit, wie die Besatzung des Walldürner Kastells, einen Wiederaufbau erfolgreich abschloss.

Die deutlichste Veränderung am Bad war der um mehr als die Hälfte reduzierte Eingangs- und Umkleidebereich der nunmehr einschiffigen Halle, die mit 86 m^2 gegenüber ehemals 200 m^2 errichtet worden war. Der Zugang zum *Frigidarium* erfolgte über eine Stufe zu dem 0,45 m höheren Raum gegenüber dem Eingangsbereich. Dieser Höhenunterschied legt die Vermutung nahe, dass noch ein Bretterboden eingebaut gewesen war. Diese Vermutung wird dadurch erhärtet, dass sich über dem Estrichboden mehrere Münzen und andere Kleingegenstände fanden. Westlich an das Frigidarium angesetzt befand sich die Piscina von 3,06 x 2,35 m mit einer Brüstungsmauer. Nach innen führten Stufen in das Becken hinein. An das *Frigidarium* schloss sich nach Norden das Tepidarium an. Mit 36,6 m^2 war es um 14 m^2 größer als der alte Raum. Eine Tür führte in ein Nebentepidarium. In der Längsrichtung gelangte man durch eine Tür in der Mitte der Trennmauer ins Caldarium. Auch dieser Raum war mit 34,1 m^2 um 12,9 m^2 größer als der Vorgängerraum. Seitlich angesetzt waren zwei Wasserbecken von 4,3 m^2 bzw. 4,1 m^2. Sie waren durch eine Brüstungsmauer vom Hauptraum getrennt.

Die Beheizung des *Caldariums* erfolgte von dem nördlich angebauten Heizraum mit zwei mächtigen Auflage-

14

Kastellbad Walldürn

pfeilern für Heißwasserbehälter. Die Heißluft strömte in den durch Hypokaustpfeiler getragenen Hohlraum, erwärmte die darüber liegenden Buntsandsteinplatten sowie den Estrichboden und strömte ebenfalls durch die Hohlziegel in den Wänden empor. In der Trennwand zwischen dem *Tepidarium* und dem *Caldarium* sorgten drei Öffnungen im Hypokaustbereich für den Durchlass der Heißluft ins *Tepidarium*. Das seitlich dem *Tepidarium* angeschlossene *Praefurnium* soll wiederum nur als Hilfs- oder Zusatzeinrichtung für die Wintertage gedient haben. Es wurde in der zweiten Phase des jüngeren Bades auch zugemauert. Auch die Wände des *Tepidariums* waren mit Hohlziegel versehen, sodass auch hier die Warmluft in den Wänden hochsteigen konnte.

Das ehemalige *Sudatorium* war beim Neubau nicht mehr an das Heizungssystem angeschlossen. Vermutlich wurde der Raum nun als Sauna genutzt, in dem man in Holzkohlebecken erhitzte Steine mit Wasser übergoss. Entsprechend besaß der 16,7 m² große Raum auch keine Unterbodenheizungseinrichtung. Vermutlich dürfte ein Bretterboden auf dem Estrich gelegen haben.

Dieser Neubau musste noch einmal verändert werden, da die wenig feuerstabilen Sandsteinpfeiler, die beim Neubau anstelle der Ziegelpfeiler benutzt wurden, schadhaft wurden, sodass Teile des *Hypokausttums* einstürzten. Die Pfeiler im *Tepidarium* waren davon nicht betroffen.

Nach anfänglichen Reparaturen wurde das ehemalige *Caldarium* einfach aufgegeben und als Heizkammer genutzt. Das ehemalige *Tepidarium* wurde nun als *Caldarium* und das Nebentepidarium als Haupttepidarium genutzt. Die nicht mehr benötigten Durchgänge wurden zugemauert, ebenso das *Praefurnium*. Die übrigen Räume, *Apodyterium, Frigidarium* mit *Piscina* und der Saunaraum behielten ihre alte Funktion bei.

Nach Abschluss der Arbeiten wurde der oben schon erwähnte Weihealtar mit der Inschrift an Fortuna aufgestellt. Diese Inschrift lautet in freier Übersetzung: „Der heiligen Göttin Fortuna geweiht! Das wegen seines Alters eingestürzte Bad haben die exploratones Stu... sowie die

Weihealtar im Kastellbad

14

Brittones gentiles, Unteroffiziere der Brittones dediticii Alexandriani, aus eigenen Mitteln wieder aufgebaut. Die Aufsicht führte Titus Flavius Romanus, Centurio der legio XXII Primigenia Pia Fidelis. Am 13. August als Lupus und Maximus Konsuln waren" (= 232 n. Chr.).

Der Originalstein befindet sich heute im Badischen Landesmuseum Karlsruhe. Eine Kopie wurde im *Apodyterium* des Bades aufgestellt.

Das Kastell „Alteburg" befand sich südöstlich vom Bad auf einem breiten Muschelkalk-Hochplateau. Strategisch war der Ort wegen seiner überschaubaren Lage gut gewählt. Ein weiterer Vorteil für diesen Standort war die in unmittelbarer Nähe entspringende Marsquelle.

1766 wurden die damals noch sichtbaren Ruinen erstmals mit den Römern in Verbindung gebracht. Die Vorstellung der Bevölkerung aber reichte nicht bis zur Römerzeit zurück, und so wurden die Ruinenreste als eine verfallene Burg angesehen. Der Kastellname „Alteburg" ist hierfür typisch. In der ersten Hälfte des 19. Jahrhunderts wurden die sichtbaren Kastellreste systematisch ausgebrochen und zum Wegebau genutzt. Diese damals übliche Praxis beweist, dass viele antike Überreste erst in der Neuzeit unwiederbringlich zerstört wurden.

14 Die ersten Ausgrabungen von Wilhelm Conrady in den Jahren 1881/82 bezogen sich auf die Freilegung der Kastellmauern. Die Stärke der Umwehrung lag zwischen 2,50 m und 2,70 m. Teilweise waren noch bis zu 4 Steinlagen aufgehenden Mauerwerks vorhanden. Jedoch konnte das Mauerwerk nicht durchgehend festgestellt werden. An der Nordwestseite fehlte es vollends. 1896/97 untersuchte Conrady im Auftrag der 1892 gegründeten Reichslimeskommission das Kastellinnere. Dabei stellte sich heraus, dass die Fundamente nicht auf gewachsenem Boden standen, sondern in aufgefülltes Erdmaterial eingelassen waren. Ferner wurde deutlich, dass die Kastellmauern stellenweise über einem älteren, verfüllten Wehrgraben standen und somit zwei Bauperioden aufwiesen. Die Umfassungsmauern des jüngeren Kastells konnten mit 96,5 x 84,3 m nachgewiesen werden. Vor dem Kastell befanden sich zwei Gräben, von denen der innere 5 m, der äußere 6 m breit waren. Die Untersuchungen der Tore hatte nur an der *porta principalis dextra* Erfolg. Hier ließ sich der östliche Torturm freilegen. Auch an ihm waren zwei Bauphasen erkennbar. Der quadratische Turm, mit einer Seitenlänge von 5,30 m, sprang 2 Meter vor die Fluchtlinie der Wehrmauer. Sein Durchgang besaß eine Breite von 3,90 m. Ein westlicher Turm fehlte.

Bei der Untersuchung der *principia* wurde kein Mauerwerk gefunden. Die Innenbauten bestanden also aus leichten Holzbaracken mit Lehmfachwerk, die, wie Brandspuren verdeutlichten, durch Feuer zerstört worden waren. Heute sind keine sichtbaren Überreste des Kastells vorhanden und der Betrachter kann die Lage des Kastells allenfalls an der ungewöhnlich geraden Linie des Horizontes erahnen. Das gesamte Gelände rund um die Anlage ist aufgekauft und archäologisches Reservat, um der Gefahr eines Verlustes der Bausubstanz durch Bebauung oder anderweitiger Nutzung des Geländes zu entgehen. Eine erneute Ausgrabung und eine erneute Erforschung des Kastells, um mit neuzeitlichen Methoden neue Erkenntnisse zu gewinnen, ist also jeder Zeit möglich.

Vom Kastell folgen wir dann dem Wanderweg **W 6** wieder zurück nach Walldürn.

14

Kleinkastell Hönehaus

Charakteristik:	*Wanderung zu historischen und geologischen Sehenswürdigkeiten*
Beste Wanderzeit:	*März – November*
Ausgangspunkt:	Ⓟ *Rehberg*
Wanderkarte:	*TF 20-20 „Fränkischer Odenwald – Madonnenländchen"*
Markierung:	**—** *(rot) –* ① *– He 3 – o.Mark. – Ri 1 –* **—** *(rot)*

Ort	km	Zeit	Höhe	Informationen
Ⓟ Rehberg	0,0	0:00	439	🏠 ✆ (06281) 2780
Hönehaus	0,2	0:05	445	KD, Kleinkastell
Walddolinen	1,5	0:30	420	ND
Hegenich Doline	1,7	0:30	425	ND
Calcitstein	1,7	0:30	390	ND
WP 8/2	2,0	0:40	425	KD, Wachturm
WP 8/1	1,2	0:20	435	KD, Wachturm
Ⓟ Rehberg	0,2	0:05	439	
Gesamtstrecke	8,5	2:40		Schwierigkeit: leicht

15

Auf Buchener Gemarkung, 2,5 km nordöstlich von Hettingen, befanden sich im Distrikt „Großer Wald" auf einer Entfernung von nur 1,5 km zwei Kleinkastelle und vier Wachturmstellen. Dieses ungewöhnlich dichte Nebeneinander deutet auf Veränderungen am Limes während seines Bestehens hin.

Vermutlich entstand bei der Errichtung des Limes zusammen mit den Wachtposten WP 7/48 und WP 7/49 das Kleinkastell „Altheimer Straße", das aber schon sehr früh wieder aufgegeben und an einer strategisch wesentlich günstigeren Stelle neu aufgebaut wurde. Dies machte den in unmittelbarer Nähe stehenden Wachtposten WP 7/49 überflüssig, der deshalb vollständig abgetragen wurde, wobei die Steine beim Bau des neuen Kastells wiederverwendet wurden. Dies dürfte auch erklären, warum die Reichlimeskommission bei ihren Untersuchungen keine Spuren von diesem Wachturm gefunden hat und seine ursprüngliche Existenz nur aufgrund der Entfernung zu

dem benachbarten Kastell und zur nächsten Wachturmstelle rein hypothetisch angenommen hatte. Dagegen
waren die Fundamente der Wehrmauern des Kastells „Altheimer Straße" noch vorhanden. Die Umfassungsmauern
hatten eine Größe von 39 x 43 m. Im Osten befand sich das
auf die Palisade hin ausgerichtete Tor mit einer Breite von
2,40 m. Im Innern war weder eine Bebauung nachweisbar,
noch konnten irgendwelche Funde gemacht werden. Daraus schließt man, dass die Errichtung des Nachfolgekas-
tells „Hönehaus" schon zu einem sehr frühen Zeitpunkt
erfolgte, an dem das ursprüngliche Kastell noch unvoll-
endet war. Auch beim Bau des neuen Kastells verwende-
te man die vorhandenen Materialien. Daher sind sowohl
von dem Kleinkastell „Altheimer Straße" als auch von dem
Wachturm WP 7/49 keine sichtbaren Spuren mehr vorhanden.

Der sich nördlich an das Kastell anschließende Wachtposten WP 7/48 „An der Altheimer Straße" wurde 1970/71
erneut freigelegt, vermessen und konserviert. Der Turm
hatte einen quadratischen Umriss von 4,80 m. Der direkt
an der Fahrstraße nach Walldürn gelegene Turm aber

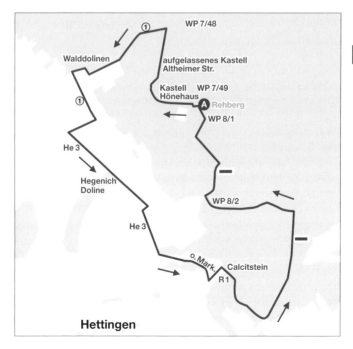

Kastell Hönehaus

macht einen verwahrlosten Eindruck und gleicht eher einem Müllhaufen als einem UNESCO geschützten Kulturdenkmal. Vielleicht bewirken diese Zeilen eine Änderung des desolaten Zustandes.

Ausgangspunkt unserer Wanderung ist der Parkplatz „Rehberg" an der L 518 Altheim – Walldürn. Von hier folgen wir dem Limes-Wanderweg einen Waldpfad bergauf zum Rehberg. Schon nach 5 Minuten erreichen wir das Kleinkastell „Hönehaus". Die Umfassungsmauern wurden 1968/69 freigelegt und vollständig restauriert, sodass man einen sehr guten Überblick von dieser Anlage bekommt.

Die Wehrmauern haben eine Größe von 46 x 40 m. Bei den Ausgrabungen waren sie stellenweise noch bis zu 6 Steinlagen hoch erhalten. Das Kastell besaß 2 Tore, von denen das 2,70 m messende Westtor geringfügig breiter war als das Osttor mit 2,40 m. Beide Tore hatten zurückspringende Zungenmauern. Sie scheinen zu einem späteren Zeitpunkt erneuert worden zu sein, da sie im Vergleich zur Umfassungsmauer ein anderes Baumuster aufweisen. Im Innern konnten anhand der Bodenschichten Holzbaracken nachgewiesen werden. In ihrer Anordnung entsprachen sie denjenigen des Kleinkastells „Haselburg". Völlig ungeklärt blieb die Wasserversorgung des Kastells, da weder ein Brunnen nachgewiesen, noch Zisternen gefunden werden konnten. Wertvollster Fund neben allerlei Keramik, Bronze und Eisengerät war ein aus Buntsandstein gearbeitetes Votivhäuschen von 13,5 cm x 9,6 cm Grundfläche und 12,8 cm Höhe. Dieses Häuschen wurde 1969 bei den Grabungen im Innenbereich in rund 50 cm Tiefe neben der nordöstlichen Mauer gefunden. An der Standfläche befindet sich eine halbrunde Öffnung, um das Häuschen auf einen Stock aufzusetzen und tragen zu können. Auf der Vorderseite befindet sich unter einem dreieckigen Giebel eine Toröffnung mit halbrundem Bogen. Auf den beiden Längsseiten sowie auf der Rückseite ist eine Inschrift eingemeißelt: Quinti / nius. l(ibertus) / Lecto(r) / ex v(oto) / bonis s(anctis) / casibu(s)

In freier Übersetzung: „Den glücklichen Zufällen (hat) der Freigelassene Quintinius Lector aufgrund eines Gelübdes (diesen Stein geweiht).

Die Weihung gilt den für glückliche Zufälle oder Ereignisse verantwortlichen Gottheiten. Die Inschrift verweist vielleicht auf eine akute Notlage, in der sich Unfreie bei der Abwendung der Gefahr erfolgreich beteiligten. Dieses Votivhäuschen befindet sich heute im Badischen Landesmuseum in Karlsruhe. Kopien stehen in Hettingen und in Walldürn.

Vom Kastell folgen wir dem Limes-Wanderweg zunächst in westlicher, dann in nördlicher Richtung über die Forststraße in den gegenüberliegenden Wald. Beim Zusammentreffen mit dem Rundweg ① biegen wir mit diesem links ab. Am Waldrand finden wir auf der rechten Seite wenige Meter im Wald mehrere Dolinen.

Dolinen sind typische Elemente einer Karstlandschaft. Sie entstehen, wenn sich durch die Zersetzung des Kalkgesteins Hohlräume bilden und diese so anwachsen, bis die darüber liegenden Schichten den Druck nicht mehr aushalten können und in sich zusammenbrechen. Die Zersetzung des Kalkgesteins erfolgt durch Kohlensäure (H_2CO_3), die durch die Verbindung von Kohlenstoffdioxid (CO_2) und Wasser (H_2O) entsteht. Das kohlensäurehaltige Wasser versickert durch zahlreiche Spalten, Klüfte und Haarrisse in den Boden und bildet so die oben erwähnten Hohlräume. Besonders im feuchten Frühjahr beweisen neu entstandene Dolinen, dass der Untergrund beileibe nicht so stabil ist, wie man gemeinhin annimmt. Auffällig ist die lineare Anordnung der Dolinen. Sie folgen den bekannten Hauptkluftrichtungen, wie z.B. im Rehgrund, den wir durchlaufen. Während wir im Wald die Dolinen meist in ihrer vollen Größe vorfinden, wurden Dolinen in der Feldflur aus wirtschaftlichen Gründen oft verfüllt, ohne zu bedenken welche Umweltgefährdungen dadurch entstehen können. Untersuchungen der Fließgeschwindigkeit des Wassers haben ergeben, dass diese im Untergrund etwa gleich groß ist wie bei den oberirdischen Gewässern. Dies bedeutet, dass belastetes Wasser ohne die notwendige Filterung in das Grundwasser absackt. Daher ist eine Verfüllung von Dolinen heute strikt verboten und auch die Landwirtschaft im Umfeld der Dolinen eingeschränkt.

An der Waldspitze biegen wir mit dem Rundweg ① links ab. Beim ersten Abzweig nach rechts folgen wir dann der örtlichen Markierung **He 3**. Sie bringt uns zur Hegenich-Doline. Sie ist ein Beispiel für die Sorg- und Rücksichtslosigkeit vieler Mitbürger durch wilde Ablagerungen das Grundwasser stark zu belasten.

An der Straße biegen wir mit dem Rundweg erst nach rechts und dann gleich wieder links ab. Am Waldrand laufen wir am Wegabzweig **ohne Markierung** geradeaus weiter. An der nächsten Kreuzung stoßen wir auf den Rundweg **Ri 1** und folgen ihm nach links. Kurz nach dem Abzweig

Doline im Hettinger Wald

15

Wachturmfundament WP 8/1

nach rechts gelangen wir im Wald zum Calcitstein, einem
weiteren Naturdenkmal.

Beim Zusammentreffen mit dem Limes-Wanderweg folgen wir diesem nach links. Nach zweimaligem Überqueren der Straße erreichen wir den Wachturm WP 8/2. Die
von der Reichslimeskommission festgelegte Limesstrecke
8 umfasst den Abschnitt zwischen dem Kleinkastell „Hönehaus" und Osterburken. 1970 wurde der Wachturm WP
8/2 erneut ausgegraben, vermessen und konserviert. Der
Umfang des Turmes betrug 4,66 x 4,90 m. Neben Keramikscherben war der wertvollste Fund eine aus vergoldetem
und versilbertem Eisen bestehende Armbrustschanierfibel.
Brandschichten verweisen auf eine gewaltsame Zerstörung des Turmes.

Kurz vor dem Parkplatz „Rehberg" erreichen wir die
Straße nach Hettingen und laufen auf ihr nach rechts zurück zum Parkplatz. Gegenüber dem Parkplatz biegen wir
rechts von der Straße ab und gehen den dortigen Waldweg
an einer Hütte vorbei zum Wachturm WP 8/1. Auch dieser
Turm wurde 1970 erneut ausgegraben. Seine Seitenlänge
betrug exakt 5,20 x 5,20 Meter. Aus dem Schuttmaterial
konnte das Fundament bis etwa 1 m Höhe restauriert werden, so dass diese Turmstelle eine der eindrucksvollsten
an diesem Limesabschnitt ist.

Anschließend gehen wir zurück zur Straße und von
dort zum Parkplatz.

Römermuseum und Kastell Osterburken

Charakteristik:	*Informative Wanderung durch Osterburken und am Limes*
Beste Wanderzeit:	*Ganzjährig*
Ausgangspunkt:	*Römermuseum*
Wanderkarte:	*TF 20-18 „Südlicher Odenwald – Bauland"*
Markierungen:	*— (rot) – W 1 – A 2 – V*

Ort	km	Zeit	Höhe	Informationen
Osterburken	0,0	0:00	250	ℹ ✆ (06291) 415266
Römermuseum	0,0	0:00	250	Öffnungszeiten:
				Di-So 10-17 bzw. 18 Uhr
Kastell	0,4	0:10	255	KD, Ausgrabungen, Informationen
Limespalisade	1,1	0:25	360	Rekonstruktion
Kreuz	1,1	0:20	335	
Fuchsenloch	1,4	0:25	255	
Osterburken	1,5	0:25	250	🚌
Gesamtstrecke	5,5	1:45		Schwierigkeit: leicht

Hinweis: Durch den Besuch des Museums und die Besichtigung der Römeranlagen kann die Dauer dieser Wanderung mit 4 Stunden angesetzt werden.

16

Mit zwei Lagern, einem Kohorten- und einem Numeruskastell, gehörte Osterburken zu einem der wichtigsten Stützpunkte am obergermanisch-raetischen Limes. Diese herausragende Bedeutung wurde unterstrichen durch ein ausgedehntes ziviles Lagerdorf, eine Beneficiarierstation und durch zwei Bäder.

Zu Beginn unserer Wanderung steht ein Besuch im Römermuseum. Die Öffnungszeiten sind von Dienstag – Sonntag von 10-17 Uhr im Winter bzw. bis 18 Uhr im Sommer.

Im Rahmen des Antrags an die UNESCO, den Limes auf die Liste des Welterbes zu setzen, wurde das Museum als überregionales Informationszentrum ausgewiesen und ausgebaut. Der ehemalige Schutzraum über dem Römerbad wurde um einen modernen Neubau erweitert und aufgewertet.

Im Erdgeschoss wird die Lebensweise der Menschen beiderseits der Grenze vorgestellt. Ein Limes teilt den

Mithrasrelief im Römermuseum

Raum in eine germanische und eine römische Hälfte. Das Obergeschoss widmet sich ausschließlich der römischen Religion. Am Beginn stehen die Götter aus der griechisch-römischen Mythologie. Es folgt die Vermischung der römischen Vorstellungswelt mit dem keltischen Glauben. Am Ende steht das berühmte Mithrasrelief, das 1863 auf dem rechten Kirnauufer an der Bofsheimer Straße gefunden wurde. Dargestellt wird die Tötung des Stieres durch Mithras. Die orientalische Glaubenslehre des Mithras, der als Überwinder der Finsternis gefeiert und daher mit dem Sonnengott gleichgesetzt wurde, hatte in der römischen Armee zahlreiche Anhänger und war von den Legionären in Germanien weit verbreitet worden. Das Mithras-Relief ist Zeuge eines neuen, völlig fremden Kultes aus dem Orient.

Im Altbau findet man die vor Ort konservierte Badeanlage sowie zahlreiche Weihesteine aus dem Weihebezirk der Beneficiarier. Schon sehr früh, 1840, hatte man Kenntnis eines Römerbades nordöstlich vom Kastell. Ziegelstempel der 22. Legion, die auch das Kohortenkastell errichteten, verweisen auf eine Bauzeit zwischen 148 und 160. Von dieser Badeanlage sind heute keine Reste mehr sichtbar. Von früheren Ausgrabungen aber weiß man, dass von insgesamt vier Räumen zwei beheißt und die Baderäume hintereinander angeordnet waren. 1976 stieß man unmittelbar neben dem ersten Bad auf die Reste einer zweiten

Badeanlage im Römermuseum

Badeanlage, dessen Hypokaustanlage ungewöhnlich gut erhalten war. Das Bad konnte fast vollständig ausgegraben und konserviert werden. Zum Schutze der Ausgrabungen wurde darüber eine Halle errichtet, die heute in das moderne Museum integriert ist. Auch dieses Bad gehört zum so genannten Reihentypus, dessen Räume hintereinander begangen wurden. Vom Frigidarium, dem Kaltbaderaum mit einem halbrunden Kaltwasserbecken gelangte man in das Tepidarium mit einem entsprechenden lauwarmen Badebecken und von dort in das Caldarium mit rechteckiger Heißwasserwanne. Am Mauerwerk ist erkennbar, dass das Bad im 3. Jahrhundert umgebaut und verkleinert wurde, Maßnahmen, die auch an den beiden Kastellen erkennbar sind.

In dieser Abteilung findet man auch den Nachbau des Weihebezirks der Beneficiarier. Dieser Weihebezirk wurde erst 1982 bei Tiefbohrungen für die Fundamente einer Straßenbrücke entdeckt. Bei den Ausgrabungen fand man zahlreiche Weihesteine, die in Reihen geordnet vor einem kleinen hölzernen Tempel standen. Die Jahreszahlen der Inschriften umfassen den Zeitraum von 174-205. Weitere, zweckentfremdete Altarsteine, wie z. B. in der Kirche von Osterburken, konnten diesem Weihebezirk zugeordnet werden. Der jüngste bis heute gefundene Stein trägt die

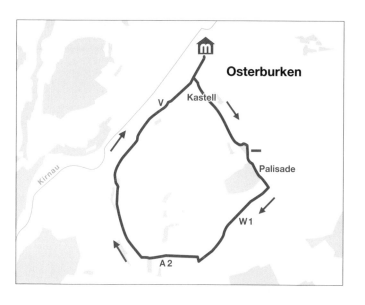

Osterburken

Kastell

Palisade

W 1

A 2

Jahreszahl 238. Der feuchte Lehmboden, auf dem der Tempel errichtet worden war, hatte das Holz konserviert und eine verlässliche Rekonstruktion der Anlage ermöglicht. Auch die Weiheinschriften der Altarsteine waren in einem außergewöhnlich gutem Zustand, dass stellenweise noch Reste der ursprünglichen Farben zu erkennen waren. Diese Altäre besaßen eine weiße Grundfassung, auf der die Inschriften meist rot, manchmal auch schwarz nachgezogen waren.

Die Beneficiarier gehörten der *Legio III Italica*, der *Legio VIII Augusta* und der *Legio XXII Primigenia pia fidelis* an. Sie waren Legionäre, die an neuralgischen Stellen Sonderaufgaben wahrnahmen, den Grenzverkehr überwachten und Zölle erhoben. Ihre Dienstzeit war auf ein halbes Jahr begrenzt. Vor Dienstantritt leisteten sie ein Gelübde und gaben einen Altarstein mit einer Weiheschrift in Auftrag.

Vom Museum folgen wir dem Limes-Wanderweg in südwestlicher Richtung zu dem eindrucksvoll restaurierten Kastell. Sichtbar sind heute die konservierte südöstliche Wehrmauer des Kohortenkastells, die gesamte Wehrmauer des Anbaues einschließlich der Tore und Türme sowie der das Annexkastell umlaufende Graben. Das Kohortenkastell selbst ist fast vollständig überbaut.

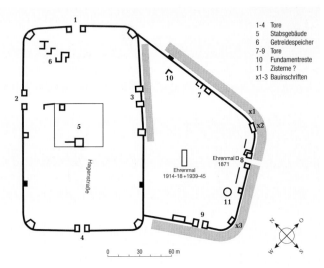

Gesamtplan des Doppelkastells Osterburken: links Kohortenkastell, rechts Annexkastell.

Erste römische Funde, die auf die historische Bedeutung von Osterburken aufmerksam machten, erfolgten bereits Anfang des 18. Jahrhunderts. 1717 oder 1718 entdeckte ein Bauer beim Pflügen einen Baustein der Legio VIII Augusta. Bis zu einer systematischen Forschung und einer Unterschutzstellung der Altertümer vergingen noch über 150 Jahre und selbst danach wurden Fundstellen überbaut. So ging wertvolle Bausubstanz unwiederbringlich verloren. Steine wurden abgefahren, um sie andernorts zweckentfremdet zu nutzen, bei der Feldarbeit wurden Mauerreste zerstört, da sie den Bauern bei seiner Arbeit störten, und wilde Raubgrabungen wurden in der Hoffnung auf antike Fundstücke unsachgemäß durchgeführt.

Erste wissenschaftliche Untersuchungen wurden 1867 von dem Mannheimer Altertumsverein durchgeführt. Schwerpunkt ihrer Ausgrabungen war der Verlauf der Umwehrung. Dabei wurde erstmals die Existenz von zwei Kastellen nachgewiesen ohne jedoch zu erkennen, dass sie zu unterschiedlichen Zeitpunkten errichtet worden waren. Mit der Gründung der Reichslimeskommission wurde durch die Ausgrabungen von Prof. Karl Schumacher in den Jahren von 1892-93 die wissenschaftliche Basis gefestigt. Die Fundamente der Wehrmauern beider Kastelle wurden freigelegt und vermessen. Die Außenmauern des Kohortenkastells wiesen aufgrund der topographischen Gegebenheiten eine ungewöhnliche Längsstreckung auf. Eingeengt durch die unmittelbare Hochwasserzone der Kirnau im Nordwesten und dem Geländeanstieg im Südosten war der übliche Grundriss, einem dem Quadrat angenähertem Rechteck, nicht möglich. Die Längsseite im Nordwesten betrug 185,5 m, im Südosten 187,5 m, im Südwesten 115,1 m und im Nordosten 114,5 m. Das Kastell besaß also eine Grundfläche von 2,14 ha. Auch bei der Vermessung der Mauerstärke wurden Unterschiede zwischen 2,50 maximal an der Talseite und 1,44 m als geringste Mauerstärke auf der Bergseite festgestellt, was durch unterschiedliche Untergrundsverhältnisse des Schwemmbodens der Talsohle und des felsigen Untergrundes auf der Südseite zu erklären ist. Für die Höhe der Kastellmauern gibt die nach außen gestürzte aber in ihren Schichten völlig erhaltene Kastellmauer von Wörth Aufschluss. Für die 32 Schichten ermittelte man unter Einberechnung der Fugenabstände eine Höhe von 4,15 m.

Das Kohortenkastell besaß vier Tore. Das auf den Limes ausgerichtete Haupttor, die *porta praetoria* (1), und ihr entgegengesetzt die *porta decumana* (4). Die *porta principalis dextra* (3) und die *porta principalis sinistra* (2) befanden sich am Ende des vorderen Drittels von der *porta praetoria* aus gesehen.

Die *porta praetoria* war von zwei bündig mit der Wehrmauer abschließenden Türmen flankiert. Ihr Abstand von 8,30 m verweist auf eine doppeltorige Einfahrt. Auch die anderen Tore waren von Türmen flankiert. Die Innenmaße bei der *porta praetoria* bzw. bei der *porta decumana* betrugen 2,75 x 4,50 m, die der *porta principalis dextra* bzw. *sinistra* 1,60 x 3,20 m. Die Einfahrten schlossen mit Bögen ab, in Osterburken durch den Fund von Wölbsteinen bestätigt, und hatten eine Scheitelhöhe von 2,30 m bis 2,50 m. Die Türme überragten die Wehrmauern um ein Stockwerk. Im obersten Geschoss waren an der Außenseite Fenster. Abschluss war wahrscheinlich ein ziegelgedecktes Satteldach. Insgesamt besaß die Umwehrung 16 Türme. Von den vier Tordurchfahrten war die *porta principalis dextra* zu einem späteren Zeitpunkt zugemauert worden. Sicherlich stand diese Maßnahme im Zusammenhang mit dem Anbau des Annexkastells.

Im Innenbereich wurden lediglich Grabungen im Bereich der *principia* (5) und in der rechten Hälfte der *praetentura* (6) durchgeführt. Dort stieß Schumacher auf Fundamentreste, die jedoch keinen geschlossenen Grundriss mehr erkennen ließen. Da man in diesem Bereich auch verkohlte Getreidekörner fand, vermutet man in diesen gefundenen Mauerresten einen Getreidespeicher. Die ergrabene *principia* umfasste einen Komplex von 45,80 x 38,80 m. Im rückwärtigen Teil war die mittlere Partie noch gut erhalten. In der Apsis standen die Götterstatuen, die Statue des regierenden Kaisers und die Feldzeichen der Kohorte. In dem darunter liegenden Keller verwahrte man die Geldtruhe. Die *principia* war das administrative und kultische Zentrum des Kastells. Hier befanden sich die Diensträume der Verwaltung, die Schreibstuben und die Waffenkammern. Zur *via principalis* überspannte ein *porticus* (Mauer mit mehreren Torbögen) einen Appellplatz. Den größten Teil des Kastells nahmen die Mannschaftsbaracken ein. Sie standen sich immer paarweise mit den Eingangsseiten gegenüber. Den Kopfteil bewohnte der *centurio*. Den Mannschaftsunterkünften war eine Art Veranda vorgelagert. Jede Stubeneinheit verfügte über zwei Räume, einen vorderen für die Ausrüstung und das Gepäck und einen hinteren zum Aufenthalt und zum Schlafen. Hier befand sich auch die Feuerstelle, die gleichermaßen als Heizung und zur Zubereitung von Speisen diente. Unbeantwortet ist die Frage nach den Stallungen. Nach jüngsten Vermutungen wurden die Pferde außerhalb des Kastells auf Koppeln und in Ställen gehalten. Besatzung war die *Cohors III Aquitanorum equitata*, die vorher in Neckarburken stationiert war. Funde von dreiflügligen Pfeilspitzen lassen den Schluss zu, dass Bogenschützen der Einheit angeschlossen waren.

Ende des 2. Jahrhunderts errichteten die Römer ein zweites, an das Kohortenkastell anschließendes Kastell, das so genannte Annexkastell. Die topographischen Gegebenheiten zwangen dabei zu einem einmaligen, unregelmäßig trapezförmigen Grundriss. Die 143 m lange Ostmauer setzt im spitzen Winkel, die 86 m lange Westmauer im stumpfen Winkel an die Ecken der südöstlichen älteren Kastellmauer an. Die Südmauer hat eine Länge von 99 m, was eine Gesamtfläche des Annexkastells von 1,35 ha ergibt. Die für ein Numeruskastell ungewöhnlich große

Annexkastell

Fläche war bedingt durch den steil ansteigenden Hang, der terrassierte Flächen für die Innenbauten notwendig machte. Darüber hinaus aber wurde die strategisch ungünstige Lage des Kohortenkastells, das ursprünglich von oben angegriffen werden konnte, durch den Anbau gemildert. Auf jeder Außenseite befand sich ein von Türmen flankiertes Tor. Die nordwestliche *porta principalis dextra* (3) hatte man bei der Errichtung des Anbaues zugemauert und durch diese Trennung ein eigenständiges Kastell geschaffen. Der um die Außenmauern des Annexkastells verlaufende Graben hatte eine Breite von ca. 6 m bei einer Tiefe von 1,7 m. Ob er vor dem Südtor unterbrochen war, scheint zweifelhaft.

16

Schon bald nach der Freilegung der Außenmauern beider Kastelle begann Schumacher mit der Konservierung der Umwehrung des Annexkastells. Die damals entstandene Idee, eines vollständigen Wiederaufbaues der gesamten Südmauer nach dem Vorbild des Prätorianerlagers in Rom, konnte jedoch bedauerlicherweise nicht realisiert werden.

Flächengrabungen im Innern des Kastells aber wurden so gut wie keine durchgeführt. Es erfolgte lediglich die Teilfreilegung einer Zisterne (11) im südlichen Bereich und weniger Mauerreste (10) im Nordosten ohne genaue Zuordnung. Das Kastellinnere bildet also noch ein archäologisches Reservat, das künftiger Forschung noch wichtige Ergebnisse liefern kann.

Umwehrung mit Wall und Graben

Als 1936 im Innern des Kastells das Ehrenmal für die Ge-
fallenen des 1. Weltkrieges errichtet wurde, erhielt das
Kastellinnere ein parkähnliches Aussehen und war vor
dem Zugriff einer Überbauung geschützt, ein Glücksfall,
der dem Kohortenkastell nicht beschieden war und das
heute, von der Südostmauer abgesehen, völlig überbaut
ist. Als eigenständiges Kastell aber müsste sowohl eine
principia als auch von ihr ausgehende Straßen bestanden
haben. Von der ganzen Anlage und seiner größeren Breite
her vermutet man in dem Südtor die *porta praetoria* (8).
Beiderseits des Südtores erhob sich der Wall des Wehr-
ganges noch in einer Höhe von 1,75 m.

Nach gefundenen Bauinschriften wurde das Annexkastell von der *Legio VIII Augusta pia fidelis Constans Commo-
da* errichtet und verweist dadurch auf eine Entstehungszeit zwischen 185 und 192. Die Besatzung war vermutlich
die Garnison eines *Numerus Brittonum Elantiensium*, der
schon in Neckarburken der *Cohors III Aquitanorum* zuge-
teilt war und in den ersten Jahren der Vorverlegung des
Limes nach Osten für die Abwicklung des Nachschubs
verantwortlich war.

Außerhalb der Kastelle erstreckte sich am Kirnauufer
ein ausgedehntes Lagerdorf, das sicherlich auch nach Abzug der Römer nicht vollständig aufgegeben wurde. Auch
die Kastelle blieben keineswegs einsame Ruinen. Ein
Metallfund aus nachrömischer Zeit gibt Hinweise, dass

Palisade mit Wall und Graben

Alemannen innerhalb der Mauern siedelten. Das heutige Osterburken dürfte sich also aus dem ehemaligen Kastelldorf entwickelt haben. Sein ursprünglicher Name Burgheim wurde dann zur besseren Unterscheidung von Neckarburken im 14. Jahrhundert zum heutigen Osterburken abgeändert. 1356 erhielt der Ort durch Kaiser Karl IV. das Marktrecht und 1409 wurde Osterburken erstmals als Stadt bezeichnet.

Vom Annexkastell folgen wir dem Limes-Wanderweg die Kastellstraße aufwärts zum Friedhof und von dort weiter zur Waldgemarkung „Förstle". Dort finden wir den Nachbau einer drei Meter hohen Palisade sowie Wall und Graben, die einen nachhaltigen Eindruck vom Aussehen der Grenzanlage vermittelt. Hinter dem Waldstück stoßen wir auf den örtlichen Rundweg **W 1**, dem wir nach rechts folgen. An der nachfolgenden Straßenkreuzung halten wir uns zunächst rechts, biegen dann wenige Schritte später mit dem Rundweg **A 2** links ab und gehen mit ihm das Fuchsenloch abwärts. Im Tal verlassen wir diesen Rundweg und folgen dem Verbindungsweg „**V**" zurück nach Osterburken.

Am Grenzwall

Charakteristik:	*Erholsamer Waldspaziergang*			
Beste Wanderzeit:	*Ganzjährig*			
Ausgangspunkt:	P *Barnholz*			
Wanderkarte:	*TF 20-18 „Südlicher Odenwald –*			
	Bauland"			
Markierungen:	③ – ①			

Ort	km	Zeit	Höhe	Informationen
P Barnholz	0,0	0:00	313	ℹ ✆ (06291) 415266
Buchener Weg	0,8	0:15	323	Schutzhütte, KD
Grenzwall	1,3	0:25	315	KD
WP 8/25	0,3	0:05	320	KD
P Barnholz	3,3	1:00	315	
Gesamtstrecke	5,7	1:45		Schwierigkeit: leicht

Ausgangspunkt unserer Wanderung ist der Waldparkplatz „Barnholz" an der Schlierstädter Straße. Von hier folgen wir den Rundwegen ① – ③ in den Wald zur Schutzhütte am Buchener Weg. Von dieser Wegekreuzung hat man eine schöne Aussicht auf die Umgebung. Hier trennen sich die Rundwege ① und ③ von dem gemeinsamen Verlauf

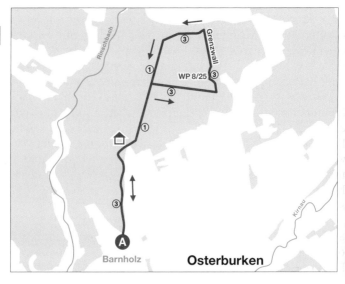

Römischer Grenzwall

und wir gehen mit dem Rundweg ③ geradeaus weiter. Im nachfolgenden markanten Kreuzungsbereich biegen wir mit dem Rundweg ③ rechts ab. Wenig später kommt von rechts der Limes-Wanderweg auf unsere Markierung, dem wir nun gemeinsam mit dem Rundweg ③ geradeaus zum römischen Grenzwall folgen.

Während man den Verlauf des Odenwaldlimes anhand der zahlreich vorhandenen Wachturmstellen verfolgen kann, findet man am obergermanisch-raetischen Limes Abschnitte, an denen der in der letzten Ausbauphase errichtete Wall und Graben dem Wanderer den Limesverlauf deutlich erkennen lässt. Solche Limesabschnitte findet man in besonders anschaulicher Weise nördlich und südlich von Osterburken.

Als Kaiser Antoninus Pius um die Mitte des 2. Jahrhunderts die inzwischen baufällig gewordenen Holztürme am Odenwaldlimes durch massive Steintürme ersetzen ließ, entstand etwa gleichzeitig der Entschluss, die Grenze von den Odenwaldhöhen weiter östlich auf die Linie Miltenberg – Walldürn – Osterburken – Lorch vorzuverlegen. Mit dieser neuen Streckenführung konnte die Grenze zwischen Rhein und Donau lückenlos geschlossen werden.

Der Limes war kein uneinnehmbares Bollwerk gegen anstürmende germanische Stämme, sondern eher ein deutlich sichtbarer Grenzverlauf zwischen dem römischen Reich und dem freien Germanien. Als Bollwerk reichten

Rekonstruierter Grenzverlauf

weder die 4-5 Mann Besatzung der Wachtürme aus noch die Besatzungen in den angrenzenden Kastellen. Der Limes war als Annäherungshindernis gedacht, um das unkontrollierte Überschreiten der Grenze an jeder beliebigen Stelle zu erschweren und um kleinere, räuberische Überfälle zu verhindern. Die römischen Gebiete im Hinterland mit ihren verstreut liegenden, unbefestigten Gutshöfen, waren dank der im Imperium vorhandenen Infrastruktur zu einem gewissen Wohlstand gelangt und wurden dadurch verlockende Ziele räuberischer Überfälle. Raubzüge über die Grenze hinweg hatten für die Germanen nichts Entehrendes. Sie dienten vielmehr jungen Männern, sich im Kriegsdienst zu üben. Staatsrechtliche Begriffe und eine öffentliche Verwaltung waren den Germanen weitgehend unbekannt. Die oligarchische Adelsverfassung verhinderte allgemeine Vertragsabschlüsse und somit einen dauerhaften Frieden an den Grenzen. Wegen dieser Gefahr wurde der Limes im Laufe seines Bestehens von ursprünglich einem einfachen Postenweg immer weiter ausgebaut und verbessert. Die letzte Ausbaustufe am obergermanischen Limes war ein Wall- und Grabensystem zwischen der Palisade und den Wachtürmen. Die Palisade stand als erstes Annäherungshindernis immer vor dem Graben.

Derartige Grenzbefestigungen gab es an zahlreichen Stellen des Imperiums. Obwohl die Römer sich vorzugsweise an Normen hielten, traf dies nicht in allen Fällen

Natürlicher Grenzwall

auf den Limes zu. Die diesbezüglichen Anlagen waren oft unterschiedlich. Im Gegensatz zum obergermanischen Wall-Graben-System, wurden am raetischen Limes z. B. die Wachtürme in eine durchlaufende bis zu 3 m hohe Steinmauer integriert. So entwickelte sich der Limes aus einer ehemals überwachten Linie zu einer befestigten Grenze. An zahlreichen Stellen aber waren besonders gut bewachte Durchgänge angebracht, die einen kontrollierten Grenzverkehr und Handel ermöglichten. Hier wurden Einfuhrzölle erhoben und Waffenschmuggel unterbunden. An besonders häufig genutzten Durchgängen wurden diese Kontrollen von den Beneficiariern vorgenommen.

Unser Limes-Wanderweg führt nun ein Stück am Grenzwall entlang zum Wachturm WP 8/25. Eine Info-Tafel gibt Hinweise zu dieser Turmstelle. Auf unserem weiteren Weg zeichnet sich dann der Grenzwall als Böschung im Wald deutlich ab.

Die meisten und schwerwiegendsten Zerstörungen am Limes sind erst in der Neuzeit geschehen. Mit dem Anwachsen der Bevölkerung, mit dem damit verbundenen Ausbau der Städte und Dörfer, der Ausweisung neuer Verkehrswege und neuer Gewerbegebiete sowie die Intensivierung der Landwirtschaft hat noch vorhandene Grundmauern zerstört und Wall und Graben einebnen lassen. Dies geschah oft in Verbindung mit Flurbereinigungsmaßnahmen. Es war also nicht nur der Bauer, der Steine von

Wachturm WP 8/25

den Befestigungsanlagen abfuhr, um sie zweckentfremdet
zum Bau eines Stalle zu verwenden. So wurde in der Neuzeit vieles zerstört und ging für die archäologische Forschung unwiederbringlich verloren. Selbst im Wald, wo
sich bislang dieses Kulturerbe am besten erhalten hat, ist
die Gefahr der Zerstörung durch den Einsatz schwerer
Nutzfahrzeuge unübersehbar. Wichtig ist daher eine um-
fassende Bestandsaufnahme und die Kennzeichnung aller
Objekte, um die Aufmerksamkeit der Öffentlichkeit zu wecken zum Zweck der Erhaltung unseres Kulturerbes.

17   Kurz vor der Straße verlassen wir dann den Limes-Wanderweg und folgen zunächst dem Rundweg ③ nach links
und dann dem Rundweg ① geradeaus zurück an unseren
Ausgangspunkt.

Auf dem Limes-Wanderweg

Charakteristik:	*Erlebnisreiche Wanderung auf dem Limes-Wanderweg*
Beste Wanderzeit:	*Ganzjährig*
Ausgangspunkt:	*Wemmershof*
Wanderkarte:	*TF 20-18 „Südlicher Odenwald – Bauland"*
Markierungen:	*W 2 – ▬ (rot) – W 1*

Ort	km	Zeit	Höhe	Informationen
Wemmershof	0,0	0:00	313	ℹ ✆ (06291) 415266
Hergenstadt	2,7	0:50	337	
Grenzwall	0,8	0:20	365	KD
WP 8/34	2,7	1:00	350	KD
Wemmershof	1,0	0:20	313	
Gesamtstrecke	7,2	2:30		Schwierigkeit: streckenweise unwegsamer Limesabschnitt

Ausgangspunkt unserer Wanderung ist der kleine Adelsheimer Weiler Wemmershof. 1423 wurde er erstmals urkundlich erwähnt. Damals wurde den dort ansässigen Bauern vom Grundherren das umliegende Land zur Be-

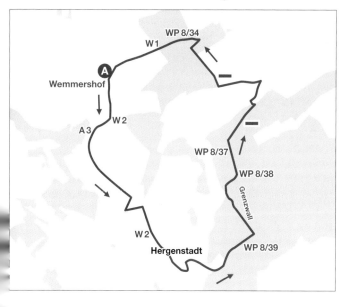

wirtschaftung übergeben. Auch heute noch ist der kleine, abgelegene Weiler mit seinen ca. 50 Einwohnern landwirtschaftlich geprägt.

Vom Wemmershof laufen wir mit den beiden örtlichen Rundwegen **A 3** und **W 2** in südliche Richtung talwärts. Am Ortsausgang halten wir uns links und folgen unserer Markierung auf einem leicht ansteigenden, asphaltierten Wirtschaftsweg an Streuobstwiesen vorbei auf die Höhe. Hier biegen wir zunächst rechts und dann mit dem Rundweg **W 2** an dem landwirtschaftlichen Betrieb links ab und gehen hinunter nach Hergenstadt. Dieser in einer Talmulde idyllisch gelegene Weiler ist ebenso wie Wemmershof landwirtschaftlich geprägt. Neben der Bewirtschaftung von Äcker und Wälder galt über Jahrhunderte die Schafhaltung als wichtigster Erwerbszweig. Besondere Sehenswürdigkeit in Hergenstadt ist die als historisches Kulturdenkmal ausgewiesene Kapelle am Ortseingang.

Östlich von Hergenstadt steigt die Straße steil an und führt hinauf zum römischen Grenzwall im Hergenstadter Wald. Beim Zusammentreffen mit dem Limes-Wanderweg endet die örtliche Markierung W 2. Der Limes-Wanderweg führt uns noch wenige Meter die Forststraße entlang und biegt dann links in den Wald ein. Genau an dieser Stelle überquerte früher der Grenzwall die Forststraße. Wollten wir nun direkt am Grenzwall entlang laufen, müssten wir uns in unwegsames Gelände begeben. Da jedoch sowohl von dem Wall als auch von der Wachturmstelle WP 8/38 nur andeutungsweise geringe Spuren im Gelände zu erkennen sind, bleiben wir auf dem markierten Wanderweg, der uns auf einem naturbelassenen Waldweg leicht bergab zum Hergsgraben führt. Am Waldrand stoßen wir auf einen festen Feldweg und folgen diesem halbrechts in den Wald.

Nach der Wanderkarte führt der Limes-Wanderweg nun direkt am Grenzwall entlang. Durch Windbruch im Frühjahr 2007 wurde der Weg jedoch unpassierbar und musste auf einen in der Nähe verlaufenden Forstweg umgelegt werden. Dennoch ist dieser Abschnitt am „Welscherbuckel' der mit Abstand sehenswerteste Teil des Grenzgrabens. Wall und Graben sind in diesem Bereich vortrefflich erhalten und auch vom Wachtposten WP 8/37 sind Mauerreste zu sehen. Ein Abstecher vom Forstweg nach rechts in den Wald ist daher zu empfehlen.

Römischer Grenzwall am „Welscherbuckel"

Nördlich vom „Welscherbuckel" quert der Wanderweg in Waldrandnähe einen kleinen Bach. In diesem Bereich ist der Wegeverlauf sehr problematisch. Jenseits des Baches aber kommt man nach ca. 200 Meter wieder auf einen festen Weg und eine verlässliche Streckenführung. Bei den „Hinteren Heidwiesen" biegen wir rechts ab und laufen am Waldrand entlang. Nach erneutem Waldeintritt und einem Rechtsknick erreichen wir die Straße, die vom Wemmershof zur Marienhöhe führt, dem heutigen Histotainment Park Adventon. Nach wenigen Schritten kommen wir dann an die Wachturmstelle WP 8/34. Das restaurierte Steinturmfundament befindet sich etwa 10 m neben der Straße im Wald. Von dieser Höhe hätte man bei freier Sicht einen weiten Blick besonders in nördliche Richtung. Bei den Untersuchungen der Reichslimeskommission wurden neben dem Wachturm vier kleine, in einem Viereck angeordnete Pfostengruben gefunden, von denen man annimmt, dass sie älter sind als der Wachturm und dass sie einst ein Messgerüst trugen, von dem aus der kerzengerade Verlauf der Limesstrecke festgelegt werden konnte. Der interessierte Wanderer kann hier noch ein kleines Stück auf der Straße bis zum Waldrand weiterlaufen, um einen Eindruck zu bekommen von der Vermessungsmethode der Römer. Durch Lichtzeichen auf den Höhen konnte der geradlinige Verlauf der Strecke genau angepeilt werden.

18

Wachturm WP 8/34

Vom Aussichtspunkt gehen wir wieder zurück und laufen mit dem örtlichen Rundweg **W 1** die Straße hinab zum Ausgangspunkt.

18

Villa „Haselburg"

Charakteristik:		Auf herrlichen Panoramawegen	
		zur Ausgrabungsstätte „Haselburg"	
Beste Wanderzeit:		März – November	
Ausgangspunkt:		Ⓟ „Böllsteiner Höhe", Böllstein	
Wanderkarte:		TF 20-6 „Mittlerer Odenwald"	
Markierungen:		① – BK 1 – ✚ (blau) – B 3 – ①	

Ort	km	Zeit	Höhe	Informationen
Böllstein	0,0	0:00	404	🛈 ✆ (06161) 809-0
Haselburg	5,6	1:45	309	KD, römische Ausgrabungen
Ober-Kinzig	1,8	0:30	240	🚏
Birkert	1,8	0:30	270	
Böllstein	3,9	1:15	404	🚏
Gesamtstrecke	13,1	4:00		Schwierigkeit: mittel

Ausgangspunkt unserer Wanderung ist das im Randbereich des Kristallinen Odenwaldes in rund 400 m Höhe auf der Wasserscheide zwischen dem Gersprenz- und dem

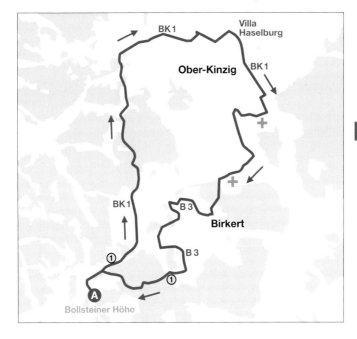

Mümlingtal malerisch gelegene Böllstein. Seinen Namen verdankt der Ort dem Gneisfelsen, der ihn überragt und den würdigen Rahmen für das Kriegerehrenmal des Dorfes bildet.

Vom Naturpark-Parkplatz „Böllsteiner Höhe" am Ortsausgang in Richtung Brensbach folgen wir dem Rundweg ① des Naturparks durch ein kleines Wäldchen. Anschließend laufen wir ein kurzes Stück auf der Fahrstraße und biegen beim ersten Abzweig rechts ab. Von hier folgen wir der örtlichen Markierung **BK 1** der „Hohen Straße" entlang in nördlicher Richtung. Derartige Höhenwege, die in Nord-Süd-Richtung längs durch den Odenwald ziehen, sind größtenteils uralte Handels- und Heereswege. Sie mieden die sumpfigen Niederungen, waren sicherer, da man einen besseren Überblick hatte und weniger der Gefahr ausgesetzt war, vom Feind überrascht zu werden, und es waren im allgemeinen die schnellsten und bequemsten Verbindungswege, da keine großen Steigungen zu überwinden waren. Prähistorische und steinzeitliche Funde in unmittelbarer Nähe dieser Höhenwege bezeugen, dass sie schon in vorgeschichtlicher Zeit angelegt und benutzt wurden. Auch die Römer nutzten diese Höhenwege und bauten sie ihren Bedürfnissen entsprechend zu Straßen aus. Die römischen Straßen verbanden nicht nur die Kastelle und die Städte im Hinterland, sondern auch zahlreiche Gutshöfe, die weit verstreut in der Landschaft lagen. So entstand mit zunehmender Besiedlung ein Straßennetz, das es vorher in Germanien noch nicht gegeben hatte. Dieses Straßennetz diente sowohl der militärischen Sicherung der Provinzen, als auch der wirtschaftlichen Entwicklung des Landes.

Grundmauern der römischen Villa „Haselburg"

Beim Zusammentreffen mit der OWK-Markierung ✚ (gelb) biegen wir mit der Markierung BK 1 rechts ab. Oberhalb von Gumpersberg erreichen wir die K 83, laufen ein kleines Stück an der wenig befahrenen Straße entlang und biegen dann mit dem Rundweg BK 1 rechts ab zur römischen Ausgrabungsstätte „Haselburg".

Schon Anfang des vorigen Jahrhunderts ließ Graf Franz I. zu Erbach-Erbach seinen Gräflichen Regierungsrat J. F. Knapp auf der Höhe zwischen Hummetroth und Ober-Kinzig graben, da er in den noch sichtbaren Resten der Anlage ein Römerkastell vermutete. Die mit Haselstauden bewachsenen Steinwälle nannten die Einheimischen damals schon wegen der Größe der Anlage „Haselburg". In ihrer Erinnerung waren unnatürliche Steinanhäufungen mit Burgen verbunden, da ihre Vorstellung nicht bis in die Zeit der Römer zurückreichte. Bei weiteren Untersuchungen der Anlage entstand jedoch bald die Gewissheit, dass es sich um einen großzügig angelegten Landsitz, nicht aber um ein Kastell handelte. Die Ausgrabungen wurden jedoch in den nachfolgenden Jahren trotz reichhaltiger Funde nicht konsequent verfolgt. Erst als man im Sommer 1979 beim Bau einer Ferngasleitung auf zahlreiche Mauerfundamente einer römischen Villa stieß und das Herrenhaus entdeckte, wurde das Gelände gesichert und die Gasleitung unter den Fundamenten hindurchgeführt. Bis 1984 wurde dann das Wohngebäude, das Bad, das Peristyl (von einem Säulengang umgebener Hof) und der angrenzende Keller sowie ein Stück der Umfassungsmauer ausgegraben und aufgemauert. Da eine weitere Ferngasleitung in Planung war, wurden 1985 und 1986 große Flächengrabungen durchgeführt. Dabei konnten die Umfassungsmauern freigelegt werden, und die Anlage wurde in ihrer gesamten Größe sichtbar: eine fast quadratische Grundfläche von 185,5 x 183,6 m Seitenlänge = 3,4 ha, die größte in Hessen.

Bei den Fundamenten war fast ausschließlich Granitgestein verwendet worden, während die sichtbaren Mauern aus Sandstein errichtet waren. Die durchschnittliche Mauerbreite betrug 0,65 m. Verwendet wurden behauene Steine unterschiedlicher Größe. Im Norden lag eine Toröffnung mit einer Breite von ca. 3,25 m, die durch rechtwinklig nach innen abknickende Fundamente erkennbar wurde. Ob das Tor mit einem Torgebäude oder mit einem Torturm überbaut war, konnte nicht festgestellt werden.

Entstanden ist der Gutshof kurz nach Fertigstellung des Limes etwa zwischen 120 und 130 n. Chr. Die Lage war so gewählt, dass man von einem leicht abfallenden Hang in der Nähe einiger Quellen ungehindert die Landschaft nach drei Seiten überblicken konnte. Über die Bedeutung der Villa aber herrscht bis heute Ungewissheit. Auch über die Größe des zum Gutshof gehörenden Grundbesitzes und über seine Nutzung ist nichts bekannt. Ackerbau, Weidewirtschaft oder Gewerbebetrieb nutzten unterschiedlich große Flächen zwischen 50 und über 100 ha. Obwohl Landwirtschaft im Bereich der Haselburg bestimmt betrieben wurde, entspricht die Beschaffenheit des Herrenhauses mit dem außerhalb liegenden großzügigen Bad, dem Keller, der Küche und der Wasserversorgung nicht den Bedürfnissen einer Bauernfamilie, sondern eher den Anforderungen eines repräsentativen Verwaltungsgebäudes.

Die Größe des Herrenhauses ist mit 22,5 x 14,5 m verhältnismäßig klein. Hinter dem Eingang (1) öffnet sich ein Raum (2), der durch das ganze Gebäude führt und im hinteren Teil mit einer halbrunden Apsis (3) abschließt. Die vordere Hälfte hat eine Breite von 8,8 m, die hintere dagegen nur von 3,2 m. Der Apsisraum erinnert an das *tablinum* im altrömischen Haus, dem Männersaal und dem Raum für Gastmahle. Rechts und links dieses Eingangsraumes befinden sich jeweils zwei Räume mit identischen Abmessungen, von denen die beiden hinteren etwa die gleiche Größe besitzen wie der vordere Teil des Eingangsraumes. Mit dieser Raumaufteilung unterscheidet sich die Haselburg wesentlich von einer *villa rustica*, mit einer viel größeren Halle und deutlich kleineren Räumen. Der linke hintere Raum der Villa Haselburg ist zu zwei Drittel mit einer Hypokaustheizung versehen, der Apsisraum zur Hälfte. Ein vermutlich späterer Einbau schloss den rechten hinteren Raum an das Hypokaustum des Apsis an. Die Feuerstelle befand sich in einem neben der Apsis liegenden Anbau (H). Über den Zweck der Räume liegen keine verbindlichen Informationen vor, und es kann daher nur spekuliert werden. Der Mittelsaal (2) dürfte als Wohn- und Empfangssaal gedient haben, wobei der Apsissaal in diese

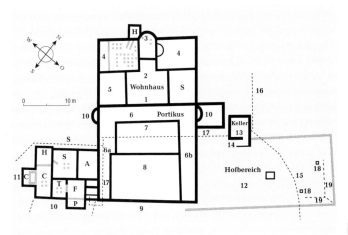

Grundriss der Villa Haselburg

19

Nutzung mit einbezogen gewesen sein dürfte. Die beiden hinteren Räume (4) können als Speisesäle angesehen werden, wobei der beheizbare südwestliche Raum als Winter- und der ohne Heizung nach Nordosten ausgerichtete Raum als Sommertriclinium (Speisesaal) gedient haben mögen. Die beiden vorderen Räume (5) dürften als Schlafräume genutzt worden sein.

So wie über die Verwendung kann auch über den Aufbau der Villa nur spekuliert werden. Über Größe und Anordnung von Fenstern und Türen ist nichts bekannt.

Desgleichen, ob das Haus ein- oder zweigeschossig war. Funde verweisen lediglich darauf, dass das Dach mit Ziegeln gedeckt und die Wände verputzt waren. Was aber für ein Wohnhaus völlig unvorstellbar ist, ist das Fehlen einer Küche und einer Wasserver- und entsorgung. Der nächste Abwasserkanal läuft in etwa 6 m Entfernung am Haus vorbei. Des Weiteren fehlt im Haus ein Keller bzw. ein Vorratsraum. Die vorhandenen Räume sind für solche Zwecke zu groß und von ihrer Anordnung her dafür völlig ungeeignet. Diese Mängel widersprechen der Nutzung der Haselburg als eine *villa rustica* und verweisen vielmehr auf eine herrschaftliche *villa urbana*.

Wie bei fast allen Villen üblich, befand sich vor der Wohnhausfront ein 3,0 bis 3,2 m breiter, überdachter Säulengang (6). An beiden Ecken das Hauses knickt dieser Säulengang rechtwinklig ab. Beide Flügel sind unterschiedlich lang. Die kürzere, 16,4 m lange *porticus* (6a), verbindet das Wohnhaus mit dem Bad und ist vor diesem nur noch ca 2 m breit. Der östliche Flügel (6b) ist 17,2 m lang und führt am angrenzenden Wirtschaftshof entlang. Er könnte auch als überdachter Zugang zum Herrenhaus gedient haben. Eine Öffnung in der Portikusmauer (7) genau gegenüber dem Wohnhauseingang (1) ist aber ein Hinweis dafür, dass der Zugang auch mitten durch den Innenhof (8) möglich war.

Der terrassenförmig gestaltete Innenhof weist ein Gefälle von rund 0,7 m auf, das durch Stufen ausgeglichen wird. An der südöstlichen Hofseite war der Säulengang unterbrochen und ermöglichte auf diese Art einen freien Blick ins Mümlingtal. Der Innenhof war lediglich durch eine niedere Mauer abgeschlossen. Als Eingang (9) muss man sich eine kleine Treppe vorstellen, die diesen natürlichen Geländeabfall ausglich. Bemerkenswert sind noch die beiden Apsiden an den Ecken des Säulenganges. In ihnen standen sicherlich Statuen, die das repräsentative Element des Hauses noch betonten.

Das an den westlichen Säulengang angrenzende Bad (10) hat eine Grundfläche von 13,6 x 11,0 m und ist damit fast halb so groß wie das gesamte Wohnhaus. In seiner Bauform entspricht das Bad dem Blocktyp, der alle üblichen Badevorgänge platzsparend in einem großen Block zusammenfasst und die günstigste Form der Wärmeausnutzung darstellt. Der Badevorgang konnte recht variabel

Toilette in der römischen Villa „Haselburg"

gestaltet werden. Nach dem Auskleiden im *apodyterium* (A) ging man ins *frigidarium* (F) mit dem Kaltwasserbecken. An nicht so warmen Sommertagen aber konnte man sofort durch das *frigidarium* zum Aufwärmen ins *tepidarium* (T) mit dem lauwarmen Wasserbecken gehen. Danach begab man sich in das *caldarium* (C) mit der Heißwasserbadewanne. Der fünfte Raum dürfte wegen seiner Größe unterschiedlichen Zwecken gedient haben. Da er direkt neben dem *praefurnium*, dem Heizraum (H) lag und einen eigenen Heizungsschacht hatte, könnte er trotz seiner Größe als *sudatorium* (S) genutzt worden sein, oder aber, bei gedrosselter Wärmezufuhr, als beheizter Umkleide- und Gymnastikraum gedient haben. Alle Badevorgänge waren kombinierbar und wiederholbar. Im Heizraum, der auf der Stirnseite des *caldariums* angebracht war, befand sich sicherlich ein Kessel, in dem Wasser für die Heißbadewanne erhitzt wurde. Der Anbau mit dieser Wanne (11) ist im Laufe des Bestehens des Bades umgebaut und auf das Doppelte vergrößert worden.

In der Ostecke des Bades befindet sich neben einem Korridor die Toilette (L). Sie war in einer Reihe angeordnet und bot Sitzgelegenheit für mehrere Personen. Entsorgt wurde in einer tiefen Grube, die mit dem Wasser des Kaltbadebeckens gespült werden konnte. Ein Teil des Abwasserkanals führt noch heute von der Toilettengrube nach außen. Auch vor den Sitzreihen befand sich eine Wasserrinne zum Spülen.

Das Badegebäude dürfte ein ähnlich äußeres Erscheinungsbild gehabt haben wie das Wohnhaus, nur niedriger und kleiner. Die Anbauten waren rechteckig ausgeführt und nicht als halbrunde Apsiden wie bei den meisten Kastellbädern.

Auf der gegenüberliegenden Seite des Bades schloss sich an den östlichen Säulengang ein etwa 30 x 15 m großer ummauerter Hofbereich (12) an. Auch hier sind zwei Bauabschnitte festgestellt worden. Der Hofbereich weist eine Besonderheit auf, die bei anderen Villen im allgemeinen nicht vorkommt. Hier befand sich an der nordwestlichen Hofmauer, 6,5 m vom Säulengang entfernt, ein unterkellerter quadratischer Raum (13) mit einer Seitenlänge von 4,5 m. Der Kellerabgang (14) befand sich innerhalb der Ummauerung, der Keller selbst schloss sich nordwestlich an die Mauer an. Die Kellersohle lag in 1,9 m Tiefe. Die Mauern aus behauenen Sandsteinen waren stark ausgebrochen, trotzdem waren sie an den Ecken bis zu 15 Schichten hoch. Der Zugang zum Keller war nur noch als Rampe zu erkennen. Im Kellerraum fand man bei den Ausgrabungen einen etwa 1,5 m breiten und 0,5 m hohen Block aus gemauerten Ziegeln, der schräg auf anderem Schutt- und Fundmaterial lag. Offensichtlich hatte er hier nicht seinen eigentlichen Platz. Die Vermutung geht dahin, dass dieser Block ursprünglich in dem über dem Keller befindlichen Raum stand und dass bei einem Brand der Holzboden zerstört und der Ziegelblock in den Keller gestürzt sei. Dies würde gleichzeitig bedeuten, dass sich im Obergeschoss des Kellers die im Wohnhaus vermisste Küche befand. Keller und Küche stehen daher sicherlich in einem direkten Zusammenhang mit dem Wohnhaus und sind mit ihm zusammen geplant worden.

Durch den ummauerten Hofbereich zieht sich in einem großen Bogen ein mit Ziegeln ausgelegter Wasserkanal (15), der an der Nordostseite des Kellers beginnt und unter der Südostmauer hindurchführt. Zum Keller hin führt ein etwas höher gelegener Kanal (16), der von Nordwesten kommt und in den Keller einmündet. Er brachte Quellwasser zum Keller, wobei das Überschusswasser durch den tiefer liegenden Kanal jenseits der Mauer ins Gelände geleitet wurde. Sicherlich gab es auch Absperrungen, die das Quellwasser von der Küche durch einen südwestlich verlaufenden Kanal (17) unter dem Portikus hindurch zu den Latrinen und dem Badegebäude weiterleiteten, da für diese keine eigene Wasserzufuhr festgestellt werden konnte.

Innerhalb der ummauerten Fläche fanden sich, vom Keller abgesehen, keine weiteren unterteilenden Mauern. Es wurden jedoch zwei rechteckige Sockelsteine (18) mit einem Zapfenloch gefunden, die mit Sicherheit Holzpfosten für ein Dach getragen haben. Sie befanden sich 2,5 bis 3 m vor der Mauer. Man kann also davon ausgehen, das eine *porticus* (Säulengang) nicht nur die Küche bzw. den Keller mit dem Wohnhaus verband, sondern um den ganzen Hofbereich herumführte. Die umlaufende *porticus* könnte als Einstellplatz für Tiere und Geräte genutzt worden sein, worauf auch die Abflussrinnen (19) in der östlichen Hofecke hindeuten. Damit könnte dieser Teil der Anlage als Wirtschaftshof bezeichnet werden. Notwendige Wohneinheiten waren sicherlich in Fachwerk ausgeführt und konnten daher bei den Ausgrabungen nicht nachgewiesen werden.

Knapp 50 m westlich vom Wohnhaus und fast in der Mitte der gesamten Anlage, wurden Fundamente einer zweigeteilten 17 x 10 m messenden Anlage freigelegt. In der Mitte des nördlichen Teils fand man ein fast quadratisches Fundament sowie Sandsteinbruchstücke und außerhalb der Einfriedung eine Sandsteinsäulentrommel. Somit hatte man also den genauen Standplatz einer Jupitergigantensäule entdeckt. Anhand der leicht konisch zulaufenden Säulentrommel von einem mittleren Durchmesser von 0,55 m und einer Höhe von etwa 0,95 m konnte man eine Gesamthöhe mit Sockel und abschließender Figur von über 10 m errechnen.

Über den Zeitpunkt der Zerstörung der Villa ist nichts bekannt. Spätestens nach 260 n. Chr., nach dem Alemanneneinfall, dürfte die Villa von ihren römischen Bewohnern verlassen worden sein. Nach Abzug der Truppen hatte die Villa ihre Existenzgrundlage verloren. Spuren im Bauschutt ließen erkennen, dass die Villa abgebrannt war. Spuren eines Kampfes konnten jedoch nicht nachgewiesen werden. So zerfiel die Ruine immer mehr und diente schließlich den Anwohnern als willkommener Steinbruch. Fragt man sich abschließend nach der Bedeutung dieser Villa, so kommt man zu keiner zufrieden stellenden Antwort. Bei der Beschreibung des Wohnhauses wurde schon

Grundmauer mit Matronenstein

darauf hingewiesen, dass seine Beschaffenheit nicht den Bedürfnissen einer Bauernfamilie entsprach. Die ganz in der Nähe der Villa vorkommenden Lehm- und Kalkböden lassen eine Ziegelei oder Kalkbrennerei vermuten. Bis heute hat man jedoch noch nicht die dafür unerlässlichen Brennöfen gefunden. Von der Größe der Anlage könnte man auch auf ein Gäste- oder Übernachtungshaus schließen, doch sprechen die Größe der Zimmer und die räumliche Trennung von Wasserversorgung und Küche vom Wohnhaus gegen eine solche Nutzung. Auch fehlen die Verkehrsanbindungen, da die Villa an keiner viel begangenen Straße lag. Der Weg von Dieburg zu den Villen im Mümlingtal und zum Limes führte über Höchst und Groß-Umstadt.

Wahrscheinlich diente die Villa einem reichen Beamten aus Dieburg, dem die Gutshöfe im Mümling- und im Gersprenztal zugeordnet waren als Verwaltungsgebäude, um Zusammenkünfte der Gurtsherren durchzuführen. Dies würde auch die Größe des Bades, der Toiletten und der Räume im Herrenhaus als Versammlungsräume sowie die fast prunkvolle Ausstattung der gesamten Anlage als repräsentatives Verwaltungsgebäude erklären.

Das Gelände rund um die Haselburg war von den Bauern landwirtschaftlich genutzt worden, und es fehlten sichbare Spuren eines römischen Gutshofes. Auch bei den Ausgrabungen fand man lediglich Fundamentreste. Nur bei den beheizten Räumen im Wohnhaus und im Bad sowie im Keller war noch dank der Hypokaustpfeiler aufgehendes Mauerwerk vorhanden. Alle anderen Mauerzüge sowie die Bodendecke mussten rekontruiert werden, um die Grundrisse, wie sie in dieser Form in Hessen noch nicht bekannt waren, sichtbar zu machen. Rekonstruktionen sind auch die verschiedenen Einbauten in den Gebäuden, wie z. B. die schon genannten Hypokaustpfeiler, die Sitze in der Toilette, der Fußboden im Tepidarium oder der Abwasserkanal. Ein besonderes Problem war der Keller, der aufgrund der unter der Anlage hindurchgepressten Gasleitung über einer stabilisierenden Betonplatte neu aufgebaut werden musste. Rekonstruktionen aber wurden nur dort durchgeführt, wo man sich über die ehemalige Bausubstanz unzweifelhaft im Klaren war. So verzichtete man z. B. auf die Rekonstruktion der hypothetisch angenommenen Küche über dem Keller.

Nach Besichtigung der Anlage folgen wir der Markierung **BK 1** in südöstlicher Richtung bis zum Friedhof. Dahinter biegen wir rechts ab und gehen mit der OWK-Markierung ✚ (blau) hinab nach Ober-Kinzig. An der Durchgangsstraße wenden wir uns nach links und gehen am Sportplatz vorbei talwärts. Unmittelbar hinter dem Gasthof „Zum Kinzigtal" biegen wir mit der OWK-Markierung rechts ab und folgen dieser bergauf nach Birkert. Dieses kleine, schon 1012 als „Birkunhart" erwähnte Dorf, lag an der Nordostgrenze des Lorscher Bannwaldes. Der kleine Bach, der von der „Hohen Straße" herabkommt, teilte den Ort nicht nur topographisch, sondern auch politisch in zwei Gemarkungen, die sogar zwei verschiedenen Landesherren zugeordnet waren. So ergab sich rechts des Wassers ein Birkert „habitzheimerseits", das zur Pfalz gehörte und vom Amt Otzberg aus verwaltet wurde, und links des Wassers ein Birkert „breubergischerseits", das zur Herrschaft Breuberg gehörte. Erst mit der territorialen Neuordnung von 1806 wurde durch die Eingliederung in das Großherzogtum Hessen-Darmstadt die politische

Trennung aufgehoben. 1865 wurden dann beide Gemarkungen zu einem Dorf zusammengelegt. Die Erinnerung an die frühere Zeit aber wird noch durch zwei Laufbrunnen wachgehalten, den „Breuberger Brunnen" und den „Pfälzer Brunnen".

Im Ort stoßen wir auf die örtliche Markierung **B 3** und folgen ihr nach rechts den „Grenzbach" aufwärts. Dieser am Hang verlaufende Rundweg bietet einen herrlichen Ausblick auf das Dorf sowie die „Pfälzer Höfe" am Talende. Unser Rundweg B 3 trifft dann auf den Rundweg ①, dem wir nun nach links zurück nach Böllstein folgen.

19

Literaturverzeichnis

Baatz, D.

Der Römische Limes:
Ausflüge zwischen Rhein und Donau
3. Auflage, Berlin 1993

Baatz, D.

Kastell Hesselbach und andere
Forschungen am Odenwaldlimes
Limesforschungen Bd. 12 , 1973

Baatz, D./ Riediger, H.

Römer und Germanen am Limes
Frankfurt 1967

Beck, W./ Planck, D.

Der Limes in Südwestdeutschland
Stuttgart 1980

Carroll, M.

Römer, Kelten und Germanen
Stuttgart 2003

Christ, K.

Geschichte der römischen Kaiserzeit
München 2002

Ehrig, P.

Wanderungen im Odenwald, Bd. 3
Darmstadt 1981

Fabricius, E./
Hetter, F./
v. Sarway, O.

Der obergermanisch-raetische Limes
des Römerreiches
Berlin/Leipzig 1894-1937

Filtzinger, P.H./
Planck, D.
Cämmerer, B.

Die Römer in Baden-Württemberg
Stuttgart 1976

Fischer, R.

Die römische Villa Haselburg
Höchst 1994

Fischer, Th.

Die römischen Provinzen
Stuttgart 2001

Johnson, A./ Baatz, D.   Römische Kastelle des 1.
und 2. Jahrhunderts n. Chr.
Mainz 1987

Mössinger, F.   Die Römer im Odenwald
Heppenheim 1954

Neumaier, H.   Die Kastelle von Osterburken
Osterburken 1991

Rabold, B.   Neue Forschungen am Odenwaldlimes
Karlsruhe 2006

Rabold, B./   Der Limes
Schallmayer, E.   Die Deutsche Limes-Straße
Thiel, A.   vom Rhein bis zur Donau
Darmstadt 2000

Rösch, H-E.   Straße(n) der Römer
Ingelheim 2007

Schallmayer, E.   Der Odenwaldlimes:
Vom Rhein bis an den Neckar
Stuttgart 1984

Schmid, A. und R.   Die Römer am Rhein und Main
Frankfurt 2006

Trunk, B.   Römerspuren in Schloßau und Umgebung
Buchen 2007

Türk, R.   Wanderungen im Beerfelder Land
Lorsch 2003

Türk, R.   Wanderungen im Mittleren Odenwald
Lorsch 2005

Wild, E.   Der Odenwald und die Römer
Michelstadt 1999

Wolters, R   Die Römer in Germanien
München 2000

Central-Druck
print mit allem drum und dran

Central-Druck ist engagierter
Dienstleister für anspruchsvolle Kunden.
Unsere Kunden schätzen die enge
Zusammenarbeit und perfekte Resultate.

Broschüren	Mailings
Bücher	Mitarbeiterzeitschriften
Kataloge	Newsletter
Fachzeitschriften	Plakate
Flyer	Poster
Geschäftsberichte	Präsentationsmappen
Geschäftsausstattung	Prospekte
Kalender	Wandplaner